THÉORIE

DE

COMPTABILITÉ,

A L'USAGE

DES SERGENS-MAJORS ET FOURRIERS D'INFANTERIE,

ET

POUVANT SERVIR A MM. LES OFFICIERS CHARGÉS DE LEUR INSTRUCTION.

PAR

ÉMILE LECLERC,

Officier-payeur au 56.e Régiment de ligne.

A METZ,

Chez VERRONNAIS, Imprimeur-Libraire pour l'Art militaire, au haut de la rue des Jardins.

1828.

ON TROUVE

A la Librairie de VERRONNAIS, *Imprimeur à Metz, les Ouvrages faisant suite à la Bibliothèque portative de MM. les Officiers et Sous-Officiers des corps d'infanterie, format in-32, papier fin.*

EXTRAIT de l'ordonnance du Roi, portant réglement sur le traitement et les revues de l'armée de terre, et sur l'administration intérieure des troupes à pied, du 19 mars 1823............ 1 fr. 50 c.

On a ajouté à cet Extrait, d'une grande utilité pour MM. les officiers et sergens-majors, les tarifs de solde et indemnités à l'usage des corps d'infanterie, d'artillerie et du génie; on a seulement supprimé du réglement tous les articles qui ont rapport aux corps de cavalerie.

Supplément à l'Extrait de ladite ordonnance, contenant la circulaire ministérielle du 3 novembre 1824; les ordonnances des 30 décembre 1823 et 13 octobre 1824, relatives aux troupes d'infanterie envoyées en garnison dans les colonies; celle du 1.er décembre 1824, sur les rengagemens; la nouvelle organisation de l'armée de terre, du 27 février 1825, etc., etc.; de 92 pages. 60 c.

L'Extrait de l'ordonnance du 19 mars 1823, et le Supplément audit Extrait, réunis en 1 volume.............. 1 fr. 75 c.

Ordonnance du Roi, portant réglement sur le service intérieur, la police et la discipline des troupes d'infanterie, du 13 mai 1818; 1 vol.......... 1 fr. 25 c.

Extrait de ladite Ordonnance, à l'usage des sous-officiers; 1 volume..... 60 c.

Instruction provisoire pour le service des troupes en campagne, du 5 février 1823, imprimée par ordre du ministre de la guerre; 1 volume........ 1 fr. 50 c.

Instruction destinée aux troupes légères et aux officiers qui servent dans les avant-postes, rédigée sur une instruction de Frédéric II à ses officiers de cavalerie; imprimée d'après la 7.e édition, 1 volume.......................... 1 fr.

Réglement concernant l'exercice et les manœuvres de l'infanterie, du 1.er août 1791; suivi des mouvemens des voltigeurs et de l'infanterie légère; les deux premiers volumes sont par demandes et réponses; par M. *Galimand*, lieutenant-colonel. On a ajouté à ce réglement la manière de former les faisceaux par files, et les règles à suivre pour le maniement d'armes et autres exercices de détail; circulaire du ministre de la guerre, du 17 mai 1822; 3 vol. avec 45 planches. .... 4 fr.

Résumé des attributions et devoirs de l'infanterie légère en campagne; par *Virgile Schneider*, colonel du 20.e régiment d'infanterie légère; 1 volume. 1 fr. 50 c.

Théorie concernant les manœuvres des voltigeurs et de l'infanterie légère; par *A. Cerf*, capitaine de voltigeurs au 9.e régiment d'infanterie de ligne; 1 volume avec 5 planches.................. 75 c.

Extrait de l'ordonnance du Roi, du 13 mai 1818, concernant les sous-officiers et caporaux, suivi d'un extrait sur le service en campagne, relatif à la garde de police, garde du camp et piquet, et de la manière dont on doit démonter et remonter un fusil............. 60 c.

Instruction pour les tirailleurs, en usage au camp d'infanterie........... 30 c.

Idem, proprement cartonnée...... 50 c.

Supplément au Manuel d'infanterie, approuvé par Son Exc. le Ministre de la guerre, le 24 septembre 1826, avec figures........................ 60 c.

Hiérarchie militaire, ou Recueil des lois, ordonnances, réglemens et décisions sur la progression de l'avancement et les nominations aux emplois dans l'armée. .... 1 fr. 50 c.

Écoles de peloton et de bataillon, classées par leçons, imprimées sur cinq cartes, blanches d'un côté et de couleur de l'autre........................ 50 c.

Idem, imprimées sur dix cartes.. 50 c.

Nouveau Manuel d'armement, contenant les réglemens, instructions, tarifs relatifs aux réparations, à l'entretien, à la conservation et à la visite des armes portatives dans les corps, approuvé par Son Exc. le Ministre de la guerre, le 24 septembre 1826; suivi du supplément au Manuel de l'infanterie, ainsi que des instructions sur la justification des recettes et dépenses de l'armement, la formation des comptes annuels, les demandes et les situations à fournir au Ministre; sur les armes que les corps reçoivent des magasins de l'artillerie, et les pièces d'armes à tirer des manufactures; enfin, les instructions et circulaires relatives aux munitions à délivrer aux troupes, tant pour les manœuvres et les gardes montantes que pour les hon-

neurs funèbres, etc., etc.; 1 volume broché .... 1 fr. 75 c.
Idem, cartonné.................. 2 fr.
Idem, relié en veau.......... 2 fr. 50 c.

Format in-18.

Extrait des services de campagne et de place, pour la théorie de MM. les officiers et sous-officiers des corps d'infanterie; par demandes et réponses, avec des notes et un plan d'un camp d'infanterie et d'artillerie; par M. *Galimand*, lieutenant-colonel; 1 volume... 75 c.

Ce petit ouvrage, mis en harmonie avec les nouveaux réglemens, est en usage dans un grand nombre de régimens d'infanterie, d'artillerie et du génie.

Extrait de l'ordonnance de 1768, concernant le service de l'infanterie dans les places.................... 25 c.
Idem, par demandes et réponses. 25 c.
Instruction pour les mouvemens des compagnies de voltigeurs.......... 25 c.
Réglement concernant l'exercice et les manœuvres de l'infanterie, du 1.er août 1791, contenant l'école du soldat et du peloton, suivis des règles à suivre pour le maniement d'armes et autres exercices de détail, extrait de la circulaire du Ministre de la guerre, du 27 mars 1822;

de la formation d'un régiment de trois bataillons en ordre de bataille, d'après l'ordonnance du 13 mai 1818; des tableaux synoptiques des fonctions des guides dans l'école de bataillon; 1 volume broché, sans planches.... 75 c.

Idem, cartonné................ 1 fr.

Idem, broché avec planches. 1 fr. 25 c.

Idem, cartonné, *idem*...... 1 fr. 50 c.

Format in-12.

Album militaire; 1 vol. broché.... 5 fr.

Livret de détail de l'officier commandant de compagnie, *utile aux sergens-majors* en route, en campagne et en station, contenant: 1.° les tarifs de la solde des officiers, sous-officiers et soldats; 2.° les tarifs des sommes à payer aux sous-officiers, caporaux et soldats qui contractent des rengagemens, et les hautes-paies à l'ancienneté; 3.° le barême de la solde des officiers, sous-officiers et soldats des compagnies d'infanterie; 4.° l'instruction sur le tir, approuvée le 30 mars 1822; 5.° la composition des effets d'habillement, de linge et chaussure et de petit équipement; 6.° les distributions de chauffage et de vivres des troupes en garnison et en cantonnement; 7.° la taille ordinaire de l'homme ; 8.° les tableaux de formation de la compagnie par sections, subdivisions et escouades; 9.° le contrôle général de la compagnie par rang d'ancienneté ; 10.° le contrôle général par rang de taille ; 11.° le contrôle d'habillement ; 12.° d'armement et de grand équipement ; 13.° revues et situations des masses ; 14.° les effets de linge et chaussure reçus dans le courant d....; 15.° le contrôle des travailleurs en ville et des services payés ; 16.° les situations journalières et les mouvemens ; 17.° les distributions du prêt et des vivres ; 18.° le contrôle particulier des prisonniers ; 19.° la valeur des monnaies de France, d'Espagne et de Portugal ; 1 volume broché........ 2 fr. 50 c.

— Cartonné, poche, rebras et cordon. .... 2 fr. 75 c.

— Relié en veau, avec poche et rebras. .... 3 fr. 50 c.

— *Idem*, avec deux feuillets peau d'âne et crayon Conté............ 4 fr. 50 c.

Livret de détail de l'Officier commandant de section, à l'usage de MM. les lieutenans et sous-lieutenans, contenant : 1.° les tarifs de la solde des officiers, sous-officiers et soldats ; 2.° les tarifs des sommes à payer aux sous-officiers, caporaux et soldats qui contractent des rengagemens ; 3.° l'extrait du supplément au manuel de l'infanterie ; 4.° la composition des effets d'habillement, des effets de linge et chaussure et de petit équipement ; 5.° le tableau de formation de la section par subdivisions et escouades ; 6.° le contrôle nominatif de la section par rang d'ancienneté ; 7.° le contrôle général de la compagnie par rang de taille ; 8.° d'habillement de la section ; 9.° de l'armement et du grand équipement ; 10.° les revues et situations des masses de la section ; 11.° les effets de linge et chaussure reçus dans le courant du trimestre ; 12.° le contrôle des travailleurs et des services payés ; 13.° le contrôle particulier des prisonniers ; 14.° la valeur des monnaies de France, d'Espagne et du Portugal ; 15.° les situations journalières ; 1 volume broché. 1 fr. 75 c.

— Cartonné, poche, rebras et cordon. 2 fr.

— Relié en veau, avec poche et rebras. .... 2 fr. 75 c.

— Avec deux feuillets peau d'âne et crayon Conté.. .... 3 fr. 75 c.

Livret de subdivision à l'usage des sergens, contenant : 1.° les tarifs de la solde des officiers et sous-officiers ; 2.° les tarifs des sommes à payer aux sous-officiers, caporaux et soldats qui contractent des rengagemens; 3.° l'extrait du supplément au manuel de l'infanterie; 4.° la composition des effets d'habillement, de linge et chaussure, et de petit équipement; 5.° le tableau de formation de la subdivision; 6.° le contrôle nominatif de la subdivision par rang d'ancienneté; 7.° le contrôle général de la compagnie par rang de taille; 8.° le contrôle d'habillement de la subdivision; 9.° le contrôle d'armement et de grand équipement; 10.° les revues et situations des masses, et 12 feuillets blancs à la fin, 1 volume broché.............. 75 c.

— Cartonné, poche, rebras et cordon.. 1 fr.

Le même, avec deux feuillets peau d'âne..................... 1 fr. 50 c.

Le même, avec crayon mi-fin. 1 fr. 70 c.

Livret d'escouade à l'usage des caporaux, composé, 1.° des tarifs des sommes à payer aux sous-officiers, caporaux et soldats qui contractent des rengagemens; 2.° l'extrait du supplément au manuel de l'infanterie; 3.° la composition des effets d'habillement, de linge et chaussure, et de petit équipement; 4.° le tableau de formation de l'escouade; 5.° le contrôle nominatif de l'escouade par rang d'ancienneté; 6.° le contrôle général de la compagnie par rang de taille ; 7.° le contrôle d'habillement ; 8.° d'armement et de grand équipement ; 9.° les revues et situations des masses, et 12 feuillets blancs à la fin ; 1 volume broché.............. 60 c.

— Cartonné, poche, rebras et cordon. .... 75 c.

Le même, avec deux feuillets peau d'âne. .... 1 fr. 25 c.

Le même, avec crayon mi-fin, 1 fr. 50 c.

Format in-8.°

Élémens de nouvelle tactique, ou nouvel art de la guerre ; ouvrage utile à tous les militaires, et singulièrement aux commençans ; avec des notes étymologiques et historiques sur la propriété des différens termes qu'on emploie dans l'art militaire ; 1 volume........................ 4 fr.

Evolutions par brigades, ou instruction servant de développement aux manœuvres de ligne, indiquées dans les réglemens ; par le baron *Meunier*, maréchal des camps et armées du Roi, commandant de l'école royale et militaire de Saint-Cyr. Ouvrage destiné principalement aux officiers d'infanterie ; 1 volume avec 16 planches.............. 5 fr.

Projet d'ordonnance pour régler le service dans les places et dans les quartiers, dédié à S. Exc. le ministre de la guerre. Ce Projet est destiné à remplacer l'ordonnance de 1768, qui n'est plus en harmonie avec les réglemens maintenant en vigueur; 1 volume.......... 4 fr.

Dictionnaire portatif et raisonné des connaissances militaires, ou premières notions sur l'organisation, l'administration, la comptabilité, le service, la discipline, l'instruction et le régime intérieur des troupes françaises, à l'usage des jeunes gens qui se destinent à la profession des armes; par le général *Le Couturier*; 1 volume.................... 6 fr.

Dictionnaire général des communes de France et des principaux hameaux qui en dépendent; indiquant les départemens, arrondissemens, la distance des communes aux chefs-lieux d'arrondissement, et de ceux-ci à Paris, les relais de postes aux chevaux; les communes qui ont des bureaux de postes aux lettres; les bureaux par lesquels sont desservies les communes qui n'en ont pas. 2.e édition, revue, corrigée sur des documens authentiques, augmentée d'un grand nombre d'articles; 1 volume.... 9 fr.

Projet de réglement sur les manœuvres de l'artillerie, rédigé par ordre de S. Exc. le ministre de la guerre, comprenant seulement les titres 1 et 2; école du canonnier et service des bouches à feu de bataillon; 1 volume broché, sans planche. .... 1 fr.

Le même, cartonné......... 1 fr. 25 c.

——— relié en veau...... 1 fr. 50 c.

——— relié en maroquin...... 3 fr.

——— titre III, broché....... 1 fr.

——— *idem*, cartonné. 1 fr. 25 c.

——— *idem*, relié en veau. 1 fr. 50 c.

——— *idem*, contenant, 1.° le service des bouches à feu de siége, de place et de côtes; 2.° les manœuvres de chèvre, 3.° les manœuvres de force pour les pièces de siége; 4.° la nomenclature des bouches à feu de siége, de place et de côtes, et des voitures et machines employées pour les transporter; on y a ajouté l'école des pièces et l'école de section; à l'usage des sous-officiers et soldats; 1 vol. broché..... 1 fr. 25 c.

Le même, cartonné......... 1 fr. 50 c.

——— relié en veau..... 1 fr. 75 c.

——— en maroquin. .... 3 fr. 25 c.

——— titre V, contenant les manœuvres des batteries de campagne; 1 volume broché............. 1 fr. 25 c.

Le même, cartonné.......... 1 fr. 50 c.
———— relié en veau...... 1 fr. 75 c.
———— en maroquin...... 3 fr. 25 c.

THÉORIE

DE

COMPTABILITÉ,

A L'USAGE

DES SERGENS-MAJORS

ET

FOURRIERS D'INFANTERIE.

THÉORIE

DE

COMPTABILITÉ,

A L'USAGE

DES SERGENS-MAJORS ET FOURRIERS D'INFANTERIE,

ET

POUVANT SERVIR A MM. LES OFFICIERS CHARGÉS DE LEUR INSTRUCTION.

PAR

ÉMILE LECLERC,

Officier-payeur au 56.e Régiment de ligne.

A METZ,

Chez VERRONNAIS, Imprimeur-Libraire pour les Troupes de toutes Armes, au haut de la rue des Jardins.

1828.

AVERTISSEMENT.

Il y a des Théories sur les exercices et les manœuvres de l'infanterie ; il y en a sur le service de l'intérieur, sur celui des places et en campagne ; mais il n'y en a pas sur la comptabilité, c'est-à-dire, je n'en connais aucune destinée aux Sergens-Majors et Fourriers, pour leur apprendre sans recherches, presque sans travail, ce qui les regarde spécialement dans l'administration d'une compagnie.

Le réglement sur la comptabilité, du 19 mars 1823, renferme bien en partie ce qu'ils doivent savoir ; mais ce réglement est volumineux ; de plus, son prix est trop élevé pour le mettre dans les mains des Sous-Officiers comptables ; ensuite les articles qui sont du ressort des Sergens-Majors et Fourriers, sont intercalés parmi ceux qu'ils ne sont pas tenus de savoir, de sorte que l'étude de ce qui les concerne devient, non pas impossible, mais longue et ennuyeuse.

Pour rendre aux Sergens-Majors et Fourriers la méthode de la comptabilité, en ce qui concerne l'administration d'une compagnie, plus facile et plus prompte, et aussi afin de leur éviter de compulser une foule de réglemens, j'ai rassemblé dans ce livre ce qui leur importe de plus de connaître, pour statuer sur tous les cas qui se présentent en comptabilité, et les choses qui leur sont indispensables de savoir pour être Sergent-Major et Fourrier.

J'ai divisé mon travail en trois parties :

La première partie, sous le titre de *Questions générales*, traite de l'homme qui quitte ses foyers pour aller se ranger sous les drapeaux ; de l'enrôlé volontaire partant pour rejoindre son corps ; des positions donnant droit à la solde de présence et d'absence ; de la division de la haute-paie ; de la première mise de petit équipement ; des supplémens de solde, etc., etc.

J'ai réuni dans cette partie les connaissances préliminaires que doivent posséder les Sergens-Majors et Fourriers.

La deuxième partie, sous le titre de *Questions relatives aux fonctions de Sergent-Major*, trace les fonctions du Sergent-Major ; sa responsabilité ; les registres qu'il doit tenir, et l'objet de ces registres ; la marche à suivre pour recevoir et réparer les effets d'habillement, d'équipement, d'armement, et de linge et chaussure ; le mode de réception du prêt, et comment il est distribué, etc., etc.

J'ai ajouté différens tarifs de solde et une table comparative signalétique.

La troisième partie, sous le titre de *Questions relatives aux fonctions de Fourrier*, indique au Fourrier ses devoirs en ce qui concerne l'administration d'une compagnie ; sa responsabilité ; la connaissance de toutes les distributions ; la composition, la mesure et le poids des rations de toute nature ; les signes qui indiquent la bonne qualité du pain, du vin, de l'eau-de-vie et du chauffage ; la composition des lits militaires, les dimensions et le poids des objets qui les garnissent, etc., etc.

Mon seul et unique but, en livrant mon livre à l'impression, a été d'être utile à une des classes les plus intéressantes de l'armée, celle des Sergens-Majors et Fourriers : si j'ai réussi, ce sera pour mon cœur le suffrage le plus précieux.

DIVISION DE L'OUVRAGE.

PREMIÈRE PARTIE.

QUESTIONS GÉNÉRALES.

PREMIÈRE PARTIE.

QUESTIONS GÉNÉRALES.

ART. 1.er *Demande.* Quel jour les recrues entrent-ils en service?

Réponse. Du jour où ils se mettent en route, soit pour se rendre au chef-lieu de réunion, soit pour rejoindre les corps auxquels ils sont destinés. (*Article* 3 *de l'ordonnance du* 19 *mars* 1823).

2. *D.* Quel jour les enrôlés volontaires entrent-ils en service?

R. Du jour où leur engagement est reçu par l'autorité civile. (*Article* 3 *de l'ordonnance du* 19 *mars* 1823).

3 *D.* Combien distingue-t-on de sortes

de prestations, et ce qu'elles comprennent?

R. On en distingue deux sortes: celles en deniers et celles en nature.

Les prestations en deniers comprennent la solde, les accessoires de la solde et les masses.

Les prestations en nature se composent des fournitures de subsistance et de chauffage, du logement et du gîte et geolage. Ces différentes prestations sont fixées par le tarif. (*Article* 1.er *de l'ordonnance du* 19 *mars* 1823).

4. *D.* Comment se divise la solde d'activité?

R. Elle se divise en solde de présence et solde d'absence.

5. *D.* Dans quelles circonstances la solde de présence diffère-t-elle?

R. En station sur le pied de paix;

En route;

Sur le pied de guerre;

En disponibilité.

6. *D.* Dans quelles positions la solde d'absence est-elle modifiée?

R. En congé ou en semestre;

A l'hôpital;

A l'hôpital en état de semestre;

En détention;

En captivité;

En congé illimité. (*Article 2 de l'ordonnance du* 19 *mars* 1823).

7. *D.* Quelles sont les positions entraînant privation de solde?

R. L'absence illégale;

La désertion;

Les hommes remplacés;

Les hommes en congé d'un an.

Les militaires rentrant après les délais fixés par leur feuille de route;

Ceux qui ne rapportent pas leur feuille de route ou leur congé, et qui ne peuvent toucher leur rappel de solde avant l'expiration d'un délai de six mois;

Les prolongations de permissions, congés de faveur et de semestre;

Les congés accordés pour aller en pays étrangers;

Les congés pour aller aux colonies dépassant six mois;

Les militaires qui, désignés pour aller en semestre, partent avant le jour fixé pour le départ des semestriers. Les militaires qui, étant en congé avec solde, rentrent après l'expiration de leur congé sans pouvoir justifier de leur retard;

Les sous-officiers et soldats qui ne rapportent pas un certificat de bonne conduite;

Les sous-officiers et soldats qui, sans motif légitime, ne rejoignent pas leur corps immédiatement après leur sortie d'hôpital. (*Articles* 24, 63, 64, 66, 68, 69, 80, 89 *et* 112 *de l'ordonnance du* 19 *mars* 1823).

Tout sous-officier ou soldat porté sur les contrôles comme déserteur, n'a droit à aucun rappel pour le temps de son absence, lors même qu'étant mis en jugement il serait acquitté. (*Article* 113 *de l'ordonnance du* 19 *mars* 1823).

8. *D.* A qui est acquise la solde due, à quelque titre que ce soit, aux sous-officiers et soldats morts ou désertés?

R. A l'État. (*Article* 9 *de l'ordonnance du* 19 *mars* 1823).

9. *D.* A compter de quel jour l'homme appelé ou l'enrôlé volontaire jouissent-ils de la solde d'activité?

R. Du lendemain de leur arrivée au corps. (*Article* 11 *de l'ordonnance du* 19 *mars* 1823).

10. *D.* Qu'est-il dû à chaque nouveau soldat?

R. Une première mise de petit équipement, déterminée par le tarif, suivant l'arme à laquelle il appartient, et affectée au paiement de tous les effets de petit équipement. (*Article* 213 *de l'ordonnance du* 19 *mars* 1823).

11, *D*. Quels sont les hommes considérés comme nouveaux soldats, et qui ont droit à la première mise de petit équipement?

R. Les hommes de recrue;

Les enrôlés volontaires;

Les hommes rentrant des prisons de l'ennemi;

Les hommes réadmis au service;

Les déserteurs amnistiés;

Les hommes sortant des dépôts de condamnés aux travaux publics ou au boulet. (*Article* 144 *de l'ordonnance du* 19 *mars* 1823).

Cette première mise est due à ces derniers, indépendamment du prix de leur travail, qui est, en exécution de la circonlaire du 17 février 1823, versé à leur masse de linge et chaussure.

12. *D.* L'homme arrivant dans un corps, et qui paraît susceptible de réforme, a-t-il droit à la première mise de petit équipement ?

R. Il n'a droit qu'à la moitié de la première mise de petit équipement : le surplus lui est alloué à l'époque de la première revue d'inspection, s'il est jugé propre au service. (*Article* 214 *de l'ordonnance du* 19 *mars* 1823).

13. *D.* Dans quel cas les enfans de troupe ont-ils droit à une première mise ?

R. Lorsqu'ayant atteint l'âge de quatorze ans, et avant d'arriver à leur dix-huitième année, ils sont admis comme tambours ou clairons. Ils y ont droit également lorsqu'à l'âge de dix-huit ans ils contractent un engagement, et s'ils n'ont pas déjà reçu cette gratification. (*Article* 215 *de l'ordonnance du* 19 *mars* 1823).

14. *D.* La première mise de petit équipement est-elle due aux musiciens et maîtres-ouvriers ?

R. Elle est due aux musiciens qui contractent un engagement pour un temps égal à celui déterminé par la loi de recrutement pour les hommes appelés sous les drapeaux. (*Article* 216 *de l'ordonnance du* 19 *mars* 1823).

Quant aux chefs-ouvriers, ils reçoivent, lorsqu'ils sont admis dans un corps, une première mise qui a été réglée ainsi qu'il suit, par une circulaire ministérielle du 31 janvier 1828; par ce moyen, ils sont obligés de pourvoir à leur habillement et à l'entretenir: il est vrai qu'ils reçoivent en outre, à ce sujet, une indemnité annuelle de remplacement; savoir :

ARMES.		Indemnité de première mise.	Indemnité annuelle de remplacement.
Garde royale	Troupes à pied.	160 fr.	70 fr.
	Troupes à cheval.	200	90
Armée de ligne.	Troupes à pied.	120	50
	Troupes à cheval.	150	70

Il est formé, par les soins des conseils d'administration, un fonds de réserve de 80 francs sur les sommes allouées à chaque maître-ouvrier, et dans la proportion suivante :

Sur la première mise........	40 fr.
Sur le montant de la première année de l'indemnité annuelle d'entretien.....................	20
Sur chacune des deux années suivantes, 10 francs..........	20
Somme égale........	80 fr.

15. *D.* Les militaires qui passent d'une arme dans une autre, ont-ils droit à la première mise?

R. Les hommes sortant de la ligne pour entrer immédiatement dans les compagnies sédentaires, n'ont pas droit à la première mise de petit équipement. (*Article* 217 *de l'ordonnance du* 19 *mars* 1823). Cependant, cette gratification est allouée aux hommes qui, rentrant des prisons de l'ennemi, sont incorporés de suite dans ces compagnies. (*Article* 217 *de l'ordonnance du* 19 *mars* 1823).

Les militaires faisant partie des compagnies sédentaires de la ligne, et qui, ayant servi précédemment dans la garde royale, sont désignés pour passer dans les compagnies sédentaires de cette garde, reçoivent la première mise de petit équipement. (*Article* 218 *de l'ordonnance du* 19 *mars* 1823).

Les sous-officiers et soldats sortant des

corps de la ligne pour entrer dans la garde royale, ont droit à la première mise de cette garde, suivant l'arme pour laquelle ils sont destinés. (*Article* 219 *de l'ordonnance du* 19 *mars* 1823).

Les hommes passant de la cavalerie dans l'infanterie, reçoivent un supplément de première mise déterminé par les tarifs. (*Article* 220 *de l'ordonnance du* 19 *mars* 1823).

16. *D*. Les militaires qui, après s'être absentés de leurs corps, rejoignent avant les délais fixés pour la prévention de désertion, ont-ils droit à la première mise de petit équipement ?

R. Non, mais ils doivent rentrer en possession de leur masse. (*Article* 221 *de l'ordonnance du* 19 *mars* 1823).

17. *D*. Ceux qui, après avoir été mis en prévention de désertion, sont absous

par jugement, n'ont-ils pas droit à la premiére mise de petit équipement?

R. Non plus, mais ils rentrent dans la position où ils se trouvaient avant leur absence du corps. (*Article* 221 *de l'ordonnance du* 19 *mars* 1823).

18. *D.* Que reçoit un sous-officier promu officier?

R. Une gratification de première mise fixée suivant l'arme par le tarif. (*Article* 222 *de l'ordonnance du* 19 *mars* 1823).

Cette gratification n'est allouée qu'aux sous-officiers du corps de l'armée, qui, promus au grade d'officier, justifient de quatre ans au moins de service effectif et consécutif, comme sous-officiers et soldats, soit dans le même corps, soit dans des corps différens, mais faisant partie de l'armée. (*Article* 223 *de l'ordonnance du* 19 *mars* 1823).

Les services de marine ne sont admis,

dans le compte des quatre ans exigés, que dans le cas prévu par l'article 138 de l'ordonnance du 19 mars 1823. (1)

19. *D.* Comment se divise la solde journalière de la troupe?

R. La solde journalière de la troupe se divise, dans son application, en trois parties distinctes.

La première, destinée à alimenter pour chaque homme de troupe, la masse dite de linge et chaussure, reste en réserve

(1) Les militaires ayant servi dans la marine sont admis à compter ces services pour la haute-paie journalière, lorsque leur passage dans l'armée de terre a eu lieu par l'effet d'un acte indépendant de leur volonté, tel qu'une mesure d'organisation générale, ou un ordre du gouvernement, soit collectif, soit individuel.

Les services comme marin ou comme ouvrier classé ne comptent que de l'âge de dix-huit ans, et seulement pour le temps passé sur les vaisseaux ou dans les chantiers et arsenaux de l'État.

dans la caisse du corps ; elle est réglée ainsi qu'il suit :

Pour les sous-officiers, caporaux et soldats	de la garde royale, y compris les compagnies sédentaires de cette garde, à	15 c.
	des corps de la ligne de toutes armes	10
Pour les compagnies de sous-officiers, canonniers et fusiliers sédentaires de la ligne.	Sous-officiers	08
	Caporaux ou soldats des compagnies de sous-officiers	08
	Caporaux ou soldats des compagnies de fusiliers et de canonniers	05

La deuxième partie est consacrée aux dépenses de l'ordinaire ; elle est fixée, pour chaque soldat et caporal,

SAVOIR:

Dans la Garde royale:

Avec les vivres de campagne, à... 20 c.

Avec le pain, en quartier ou en garnison, à........................ 40

Avec le pain en marche, à..... 50

Dans les corps de la ligne de toutes armes, y compris les compagnies de sous-officiers, de fusiliers et de canonniers sédentaires,

Avec les vivres de campagne..... à 15 c.

Avec le pain, en quartier ou en garnison, à........................ 30

Avec le pain, en marche, à.... 40

Dans tous les corps de l'armée, le prélèvement à faire sur la solde des sous-officiers, lorsqu'ils font ordinaire entr'eux, doit excéder de cinq centimes au moins la fixation déterminée ci-dessus pour les soldats et caporaux. Cet excédant est de cinq centimes seulement quand ils sont obligés de vivre à l'ordinaire du soldat.

La troisième partie de la solde, formant le surplus du prêt, est remise individuellement aux hommes, comme deniers de poche. (*Article* 783 *de l'ordonnance du* 19 *mars* 1823).

20. *D.* Quel est le mode de distribution du prêt de la troupe?

R. La distribution du prêt se fait par le trésorier, d'après les états quatridiaires, signés par les capitaines, quittancés par les sergens-majors, et visés par les officiers de semaine. (*Article* 796 *de l'ordonnance du* 19 *mars* 1823). Ensuite, les commandans de compagnie font distribuer le prêt à la troupe par les sergens-majors, en présence des officiers de semaine. (*Article*

799 *de l'ordonnance du* 19 *mars* 1823).

21. *D.* Pourquoi les adjudans-sous-officiers et les enfans de troupe reçoivent-ils la totalité de leur solde?

R. Parce qu'ils n'ont point de masse de linge et chaussure. (*Article* 795 *de l'ordonnance du* 19 *mars* 1823).

22. *D.* Pour quel effet la masse de linge et chaussure est-elle instituée?

R. La masse de linge et chaussure est instituée à l'effet de pourvoir pour le compte individuel de chaque homme;

1.° A l'achat, à l'entretien et au renouvellement de ses effets de petit équipement et de ceux dits *de petite monture;*

2.° Aux réparations de l'armèment et des effets principaux d'habillement et de grand équipement, lorsqu'elles sont mises à la charge des hommes;

3.° Au remboursement des pertes d'effets d'habillement, d'équipement, d'armement, de casernement ou d'hôpitaux, et des dégradations faites par la troupe, soit dans les bâtimens militaires, soit chez l'habitant;

4.° A l'imputation du montant des avances faites en route, dans le cas prévu par l'article 12 de l'ordonnance sur les indemnités de route. (*Article* 825 *de l'ordonnance du* 19 *mars* 1823).

23. *D.* Comment se forme cette masse, et quels sont les produits dont elle s'alimente?

R. La masse de chaque homme, les enfans de troupe exceptés, se forme des sommes allouées pour première mise des effets de petit équipement. (*Article* 826 *de l'ordonnance du* 19 *mars* 1823).

Elle s'alimente au moyen,

1.° De la réserve faite sur la solde, conformément aux fixations déterminées par l'article 793 de l'ordonnance du 19 mars 1823;

2.° Des versemens faits volontairement par les hommes pour compléter leur masse ;

3.° Des versemens faits pour le compte des travailleurs ;

4.° Des versemens faits pour le compte des garnisaires et des hommes rentrant de permission et autres. (*Article* 627 *de l'ordonnance du* 19 *mars* 1823).

5.° Enfin, des versemens faits par les caporaux punis de la salle de police, de la prison ou du cachot, du surplus des dix centimes prélevés au profit de l'ordinaire.

24. *D.* Quelle est la fixation du complet de la masse ?

R. Le complet de la masse de chaque homme est fixé ainsi qu'il suit ;

SAVOIR :

Corps de la garde de toutes armes, y compris les compagnies sédentaires.....	Sous-officiers........	50 fr.
	Caporaux et soldats.	40
Corps de la ligne de toutes armes................	Sous-officiers........	40
	Caporaux et soldats.	30

Compagnies de sous-officiers sédentaires.......	Sous-officiers, caporaux et soldats.. 40 fr.
Compagnies de canonniers et fusiliers sédentaires..	Sous-officiers...... 40 Caporaux et soldats. 27

25. *D.* Quel jour l'enfant de troupe entre-t-il en solde?

R. Du jour de son admission. (*Article* 32 *de l'ordonnance du* 19 *mars* 1823).

26. *D.* Quel est le paiement à faire aux hommes allant aux hôpitaux ou en congé?

R. Ils sont payés des deniers de poche et des hautes-paies jusqu'au jour exclus de leur départ. (*Article* 804 *de l'ordonnance du* 19 *mars* 1823).

27. *D.* Que reçoit tout homme de troupe quittant son corps par congé définitif, par réforme, retraite, ou pour passer à l'hôtel des invalides?

R. Il est payé, avant son départ, de la totalité de son fonds de masse. (*Article* 846 *de l'ordonnance du* 19 *mars* 1823).

La même disposition est applicable au sous-officier promu officier, soit qu'il reste à son corps, ou qu'il reçoive une autre destination. (*Article* 846 *de l'ordonnance du* 19 *mars* 1823).

Le paiement ci-dessus mentionné est fait par le trésorier, sur un état nominatif certifié et quittancé par le commandant de la compagnie, et vérifié par le major. Il en est fait inscription, tant sur le livret de l'homme que sur l'expédition de son congé. (*Article* 847 *de l'ordonnance du* 19 *mars* 1823).

28. *D.* Comment se fait le même paiement aux hommes congédiés à l'hôpital ou dans leurs foyers?

R. Ils sont payés des fonds existans à leur masse au jour de leur départ du corps pour l'hôpital ou pour aller en congé limité; si leur éloignement ne permet pas qu'ils reçoivent ce paiement dans le lieu de la garnison, les fonds en sont versés, pour leur compte personnel, à la caisse des dépôts et consignations, et avis en est donné aux maires de leur domicile.

29. *D.* Lorsqu'on délivre à des militaires des congés d'un an, cessent-ils de faire partie de l'effectif du corps auquel ils appartiennent ?

R. Non, et ils doivent figurer, pendant toute la durée de leur absence, tant sur les contrôles que sur les feuilles de journées trimestrielles, mais pour mémoire seulement. (*Article* 6 *de l'instruction ministérielle du* 8 *juin* 1827).

30. *D.* Les congés d'un an donnent-ils droit à une solde?

R. Ils ne donnent droit à aucune espèce de solde; mais les porteurs de ces congés ont droit à l'indemnité de route de leur grade respectif, tant pour se rendre dans leurs foyers, que pour revenir au corps, en cas de rappel sous les drapeaux. (*Article 5 de l'instruction ministérielle du* 8 *juin* 1827).

31. *D.* A quelle époque les hommes quittant leur corps en vertu d'un congé d'un an, reçoivent-ils leurs fonds de masse de linge et chaussure?

R. A l'époque de leur libération définitive, en se conformant alors, pour la transmission de ces fonds, au mode tracé par l'article 848 de l'ordonnance du 19 mars 1823. (*Article 7 de l'instruction ministérielle du* 8 *juin* 1827).

32. *D.* Quels sont les cas où les fonds de masse sont acquis à l'État?

R. Lorsque les hommes sont rayés des contrôles après le délai de six mois pour cause de désertion, ou de trop longue absence; lorsqu'ils sont morts ou faits prisonniers de guerre; enfin, lorsqu'ils sont condamnés à des peines qui emportent la dégradation militaire. (*Article* 849 *de l'ordonnance du* 19 *mars* 1823).

33. *D.* Quels sont les cas où les débets sont à la charge de l'État?

R. Les mêmes que les positions ci-dessus indiquées, et lorsque des hommes sont congédiés étant absens de leur corps. (*Article* 850 *de l'ordonnance du* 19 *mars* 1823).

34. *D.* Quel est le rappel de solde à faire aux hommes qui ont obtenu des semestres ou congés?

R. A leur retour, ils sont rappelés de la solde à laquelle ils ont droit pour le temps de leur absence. (1) (*Article* 75 *de l'ordonnance du* 19 *mars* 1823).

---

(1) Ce rappel s'effectue sur le pied de la solde de paix en station, moins quinze centimes, pour les sous-officiers et soldats des corps qui jouissent d'un accroissement de solde en temps de guerre. (*Article* 23 *de l'ordonnance du* 19 *mars* 1823).

35. *D.* A qui la solde d'hôpital est-elle due?

R. A tout sous-officier et soldat en activité, depuis le jour inclus de son admission à l'hôpital jusqu'à celui de sa sortie exclusivement. (*Article* 86 *de l'ordonnance du* 19 *mars* 1823).

36. *D.* Comment se fait le rappel de la solde d'hôpital?

R. Lorsqu'un militaire, sortant de l'hôpital du lieu ou de l'hôpital externe, est de retour à son corps ou à son poste, il est rappelé sur la présentation de son billet de sortie, sauf le cas prévu par l'article 89 de l'ordonnance du 19 mars 1823, (1) de la solde d'hôpital pour tout le temps

(1) Tout sous-officier ou soldat qui, sans motif légitime, ne rejoint pas son corps immédiatement après sa sortie d'hôpital, n'a droit à aucun rappel pour le temps de son absence.

qu'il y a séjourné ; il est rappelé en outre de la solde avec vivres de campagne, tant pour l'aller que pour le retour. (*Article* 87 *de l'ordonnance du* 19 *mars* 1823). Le décompte des journées d'hôpital est fait à raison du nombre effectif de jours dont se compose chaque mois (*Article* 88 *de l'ordonnance du* 19 *mars* 1823) ; mais tout sous-officier et soldat qui, sans motif légitime, ne rejoint pas son corps immédiatement après sa sortie de l'hôpital, n'a droit à aucun rappel pour le temps de son absence. (*Article* 89 *de l'ordonnance du* 19 *mars* 1823).

37. *D.* Les hommes de recrue et les enrôlés volontaires qui tombent malades avant leur arrivée au corps, sont-ils admis dans les hôpitaux ?

R. Oui, mais ils n'ont droit à aucun rappel pour le temps écoulé depuis leur entrée à l'hôpital jusqu'à leur arrivée au corps, si, pour rejoindre, ils ont voyagé isolément. (*Article* 90 *de l'ordonnance du* 19 *mars* 1823).

38. *D.* A qui sont assimilés les militaires autorisés à aller prendre les eaux dans les lieux où il existe des bâtimens militaires?

R. Ils sont assimilés, sous le rapport de la solde, à ceux qui se rendent aux hôpitaux externes. (*Article* 92 *de l'ordonnance du* 19 *mars* 1823).

39. *D.* Quel est le rappel de solde du semestrier à l'hôpital?

R. A son retour, il est rappelé de la solde de semestrier à l'hôpital pour tout le temps pendant lequel il y a séjourné, et de la solde de semestre pour les journées antérieures à son entrée, et pour celles postérieures à sa sortie. (*Article* 94 *de l'ordonnance du* 19 *mars* 1823). Mais celui qui était sans solde n'a droit à rien.

40. *D.* Comment sont traités les sous-

officiers ou soldats en détention ou en jugement?

R. Ils ne reçoivent aucune solde pendant le temps de leur détention; mais, s'ils sont acquittés, ils sont rappelés à leur retour au corps, de la solde de semestre pour tout le temps de leur absence; s'ils sont condamnés, ils n'ont droit à aucun rappel. (*Article* 98 *de l'ordonnance du* 19 *mars* 1823).

Les sous-officiers et soldats en jugement pour cause de désertion, n'ont droit à aucun rappel de solde, encore bien qu'ils soient acquittés.

41. *D.* Comment sont payés les sous-officiers et soldats promus ou changeant de corps?

R. Les hommes promus, sans changer de corps, à un nouveau grade dans la classe des sous-officiers et caporaux, sont payés de la solde affectée à ce grade, à compter du jour de leur réception. (*Article 18 de l'ordonnance du 19 mars 1823*).

Ceux passant des compagnies du centre dans celles de grenadiers, de carabiniers ou de voltigeurs, ont droit à la solde des compagnies d'élite du jour de leur passage s'ils ont accompli une année de service. (*Art. 18 de l'ordonnance du 19 mars 1823*).

Ceux passant isolément d'un corps dans un autre par l'effet d'une promotion, sont rappelés à leur nouveau corps pour le temps de la route, de la solde attribuée à leur nouveau grade, à compter du jour de leur départ. Ce rappel a lieu sur le pied de la solde avec vivres de campagne. (*Article 19 de l'ordonnance du 19 mars 1823*).

42. *D.* Les sous-officiers et soldats passant des corps de la ligne dans ceux de la garde royale, de l'artillerie, du génie et des équipages militaires, continuent-ils à toucher leur ancienne solde?

R. Oui, mais seulement jusqu'au jour exclus de leur admission dans leurs nouveaux corps; à partir de ce jour, ils ont droit à la solde de l'arme et de la classe dans laquelle ils entrent. (*Article* 20 *de l'ordonnance du* 19 *mars* 1823). Cette disposition est commune aux militaires passant dans les colonies. (*Article* 21 *de l'ordonnance du* 19 *mars* 1823).

43. *D.* Jusqu'à quelle époque les militaires qui, passant dans les colonies avec l'expectative d'un grade supérieur à celui dont ils sont pourvus, continuent-ils à percevoir la solde de leur ancien grade?

R. Jusqu'au jour de leur arrivée à destination. (*Article* 21 *de l'ordonnance du* 19 *mars* 1823).

44. *D.* Comment sont traités les sous-officiers et soldats qui, étant en semestre ou en congé, sont rappelés avant l'expiration de leur semestre?

R. Ils ont droit à la solde cumulativement avec l'indemnité de route, et ce, à compter du jour de leur départ (1).

45. D. Comment sont traités les sous-officiers et soldats appelés en témoignage devant les tribunaux civils ou les conseils de guerre ?

R. Les sous-officiers et soldats appelés en témoignage devant les tribunaux civils ou les conseils de guerre, sont rappelés de leur solde pour tout le tems de leur absence, après leur retour à leur corps ou à leur poste (2).

---

(1) Ce rappel s'effectue sur le pied de la solde de paix en station, moins quinze centimes pour les sous-officiers et soldats des corps qui jouissent d'un accroissement de solde en temps de guerre; et, à l'égard des autres, sur le pied de la solde avec vivres de campagne. (*Article 23 de l'ordonnance du 19 mars 1823*).

(2) Ce rappel s'effectue sur le pied déterminé en l'article 23 de l'ordonnance du 19 mars 1823, et n'a lieu que sur un certificat délivré par le président du

Si des sous-officiers et soldats du même corps, appelés en témoignage, sont réunis en détachement, ils reçoivent au titre de leur corps, depuis le jour de leur départ jusqu'à celui de leur rentrée, la solde de route ou de station, selon leur position. (*Article* 26 *de l'ordonnance du* 19 *mars* 1823).

46. *D.* Comment est traité tout militaire en congé ou en semestre que l'on cite en témoignage devant un tribunal civil ou militaire, siégeant hors du lieu de sa résidence?

R. Il est rappelé de sa solde d'activité depuis le jour de son départ du lieu où il était en congé ou en semestre, jusqu'à celui de sa rentrée dans ses foyers.

---

tribunal, constatant le jour où leur présence a cessé d'être nécessaire, et qu'autant qu'ils sont partis immédiatement. (*Article* 26 *de l'ordonnance du* 19 *mars* 1823).

S'il est cité dans le lieu de son domicile, la disposition ci-dessus ne lui est point applicable ; mais s'il est retenu au-delà du terme de son congé ou de son semestre, il a droit au rappel de la solde d'activité à dater du lendemain de l'expiration dudit congé ou semestre (1).

47. *D.* Comment sont traités les sous-officiers et soldats employés comme garnisaires ?

R. Ils ont droit à la solde d'activité depuis le jour de leur départ jusqu'à celui de leur rentrée, et ce, sur le pied déterminé en l'article 23 de l'ordonnance du 19 mars 1823. (*Article* 28 *de ladite ordonnance*).

48. *D.* A qui la solde de captivité est-elle due ?

---

(1) Ces rappels ne peuvent être effectués que sur la production du certificat exigé par l'art. 23 de l'ordonnance du 19 mars 1823.

R. Elle est due à tout militaire fait prisonnier de guerre, à dater du lendemain du jour où il est tombé au pouvoir de l'ennemi jusqu'au jour exclus de sa rentrée en France. (*Article* 100 *de l'ordonnance du* 19 *mars* 1823).

49. *D.* Quels droits ont encore les sous-officiers et soldats rentrant des prisons de l'ennemi?

R. Ils ont droit, à titre de secours, à deux mois de solde, s'ils sont restés pendant deux mois au moins au pouvoir de l'ennemi. (*Article* 106 *de l'ordonnance du* 19 *mars* 1823).

Pour obtenir ce paiement, ils doivent produire un certificat de la puissance chez laquelle ils ont été détenus, constatant leur grade et le temps pendant lequel ils ont resté en captivité: faute de quoi, le paiement est ajourné jusqu'à ce que leurs droits aient été reconnus, et, dans ce cas, ils ne reçoivent que l'indemnité de route, jusqu'à leur arrivée, soit à leur corps, soit dans leurs foyers. (*Article* 108 *de l'ordonnance du* 19 *mars* 1823).

50. *D*. De quel jour les sous-officiers et soldats qui viennent des prisons de l'ennemi rentrent-ils en solde?

R. Du jour de leur arrivée en France, s'ils étaient en nombre suffisant pour former un détachement : dans le cas contraire, ils n'ont droit qu'à l'indemnité de route jusqu'au jour inclus de leur retour au corps. (*Article* 30 *de l'ordonnance du* 19 *mars* 1823).

51. *D*. L'accroissement de dix centimes par jour, qui fait partie de la solde des caporaux-tambours, tambours et clairons, leur est-il payé dans toutes les positions?

R. Oui, excepté dans celles de congé et de captivité. (*Article* 31 *de l'ordonnance du* 19 *mars* 1823).

52. *D.* A qui est alloué la solde de route?

R. Aux corps et détachemens. Pour former un détachement, il faut être au moins six hommes réunis du même corps. Cependant le détachement qui est réduit en route au-dessous de six hommes, continue à recevoir la solde de route jusqu'à destination. (*Article* 39 *de l'ordonnance du* 19 *mars* 1819).

53. *D.* Comment est allouée la solde de route?

R. Pour toutes les journées de route et de séjour, y compris le jour du départ et celui d'arrivée à destination. (*Article* 40 *de l'ordonnance du* 19 *mars* 1823).

Elle n'est point due pour un mouvement de troupe qui n'exige qu'un jour de marche. (*Idem*).

54. *D.* Jusqu'à quel jour une troupe qui se rend de l'intérieur du royaume à une

armée stationnée hors du royaume, a-t-elle droit à la solde de route ?

R. Jusqu'au jour inclus de son arrivée à la frontière. (*Article* 41 *de l'ordonnance du* 19 *mars* 1823.

55. *D.* Et si cette troupe quitte cette armée pour se rendre dans l'intérieur ?

R. Elle a droit à la solde de route à compter du jour où elle passe la frontière.

Il faut que, dans l'un et l'autre cas, elle ne jouisse pas des vivres de campagne. (*Article* 41 *de l'ordonnance du* 19 *mars* 1823).

56. *D.* Lorsqu'une troupe se rend du lieu de sa garnison à une armée stationnée dans l'intérieur du royaume, jouit-elle de la solde de route ?

R. Elle jouit de la solde de route jusqu'au jour inclus de son arrivée à sa destination, lors même que, pour y arriver, elle serait obligée de marcher dans l'arrondissement de l'armée. (*Article* 41 *de l'ordonnance du* 19 *mars* 1823).

57. *D.* Et si cette troupe quitte une armée stationnée dans l'intérieur du royaume pour se rendre au lieu de sa garnison?

R. Elle a droit à la solde de route à compter du jour où elle se met en mouvement pour se rendre à sa destination, quelque soit le point de départ. (*Article* 41 *de l'ordonnance du* 19 *mars* 1823).

58. *D.* Quelles sont les troupes qui ne peuvent prétendre à la solde de route?

R. Toutes celles qui jouissent des vivres de campagne. (*Article* 41 *de l'ordonnance du* 19 *mars* 1823).

59. *D.* Comment sont payés les hommes mis en route, et qui ne sont pas en nombre suffisant pour former un détachement?

R. Ils sont payés de l'indemnité de route qui leur est allouée pendant le voyage, et à leur destination ils sont rappelés de la solde sur le pied déterminé par l'article 23 de l'ordonnance du 19 mars 1823. (*Article 42 de la même ordonnance*).

La même disposition est applicable aux hommes envoyés en ordonnance à plus de six lieues de leur corps, et généralement à tout sous-officier et soldat voyageant isolément pour objet de service. (*Article 42 de l'ordonnance du* 19 *mars* 1823).

60. *D.* Dans quel cas la solde de guerre est-elle due ?

R. Quand une armée, une troupe ou rassemblement de troupe passe du pied de paix au pied de guerre, en vertu d'une décision royale. (*Article* 43 *de l'ordonnance du* 19 *mars* 1823).

Les troupes faisant partie de la garnison d'une place mise en état de siége, ne peuvent avoir droit à la solde de guerre, ni passer du pied de guerre au pied de paix qu'en vertu d'une semblable décision. (*Art.* 43 *de l'ordonnance du* 19 *mars* 1823).

61. *D.* A qui et par qui les permissions sont-elles accordées ?

R. Aux sous-officiers et soldats, conformément aux dispositions des ordonnances portant réglement sur le service intérieur des corps. (*Article* 61 *de l'ordonnance du* 19 *mars* 1823).

Les permissions ne peuvent excéder huit jours, et lorsqu'elles excèdent ce terme, elles sont autorisées par un congé. (*Idem*).

62. *D.* Combien y a-t-il d'espèces de congés ?

R. Trois :

Les congés de semestre ;

Les congés de convalescence ;

Les congés de faveur ou pour affaires personnelles. (*Article* 62 *de l'ordonnance du* 19 *mars* 1823).

63. *D.* Quels sont les droits des mili-

taires en permission d'absence, congés de semestre ou de convalescence?

R. Ils ont droit à la solde de congé, telle qu'elle est fixée aux tarifs. (*Article* 63 *de l'ordonnance du* 19 *mars* 1823).

Les congés de faveur sont accordés avec ou sans solde par décisions ministérielles; le ministre de la guerre accorde, lorsqu'il le juge convenable, des congés de convalescence avec solde entière. (*Idem*).

Les prolongations de permissions, congés de semestre et de faveur, sont toujours sans solde. (*Idem*).

64. *D.* A quoi est tenu tout militaire qui obtient une permission de s'absenter, ou un congé de quelque espèce qu'il soit?

R. Il est tenu, avant son départ, de le présenter au *visa* du sous-intendant militaire; en cas d'absence de ce fonctionnaire, la formalité du *visa* est remplie par le commandant de la place. (*Article* 74 *de l'ordonnance du* 19 *mars* 1823). Ce *visa* est toujours daté. (*Idem*).

65. *D.* Un militaire en congé ou en semestre a-t-il la faculté de rentrer à son corps avant l'expiration de son congé ?

R. Oui, et le lendemain de son retour, il recouvre ses droits à la solde d'activité. (*Article* 77 *de l'ordonnance du* 19 *mars* 1823).

66. *D.* Lorsqu'il arrive qu'un corps change de garnison, comment sont considérés les militaires de ce corps qui se trouvent alors en congé ou en semestre?

R. Ils sont considérés comme rendus à leur poste, quand n'ayant point été informés à temps de ce mouvement, ils arrivent à l'ancien lieu de leur garnison à l'expiration de leur congé. (*Article* 78 *de l'ordonnance du* 19 *mars* 1823).

Ils ont droit, à partir de ce jour, à la solde entière et à l'indemnité de route, s'ils ne forment pas un détachement. (*Art. 78 de l'ordonnance du 19 mars 1823*).

67. *D.* Que doivent faire les militaires qui, étant en congé de sémestre ou autre, sont informés du changement de garnison de leur corps?

R. Ils doivent se présenter chez le sous-intendant militaire de leur département, ou chez celui de la résidence la plus rapprochée de leur route ; qui les fait diriger sur le lieu de la nouvelle garnison de leur corps ; et ils rentrent en jouissance de la solde de présence à dater du lendemain de leur arrivée dans ce lieu, lors même qu'ils y devanceraient le corps. (*Article 79 de l'ordonnance du 19 mars 1823*).

Néanmoins, il leur suffit d'y être rendu en même temps que le corps, nonobstant l'expiration de leur congé ; dans ce cas, le congé est considéré comme expiré seulement du jour de leur arrivée. (*Idem*).

Les militaires qui, étant en congé avec solde, rentrent après l'expiration de leur congé, ne reçoivent aucun rappel pour le temps de leur absence, à moins que le retard n'ait été causé par maladie et qu'ils n'en justifient par des billets de sortie d'hôpitaux en bonne forme, ou, s'ils n'ont pu se faire traiter à l'hôpital, par des certificats des officiers de santé des hospices civils du chef-lieu de l'arrondissement, indiquant la nature de leur maladie et le temps qu'a exigé leur traitement. (*Article* 80 *de l'ordonnance du* 19 *mars* 1823).

Les sous-officiers et soldats en congé de semestre ou autre, qui, à leur retour, ne rapportent pas de certificat de bonne conduite délivré par le maire de la commune dans laquelle ils ont résidé, sont privés de tout rappel pour le temps de leur absence. (*Article* 84 *de l'ordonnance du* 19 *mars* 1823).

68. *D.* Comment sont traités les sous-officiers et soldats mis à la disposition de la marine et faits prisonniers de guerre en mer ou dans les colonies?

R. Les sous-officiers et soldats mis à la disposition de la marine à quelque titre que ce soit, et qui auraient été faits prisonniers de guerre après leur embarquement, doivent être payés de ce qui leur sera dû pour solde de captivité (*Article* 107 *de l'ordonnance du* 19 *mars* 1823), par les agens et sur les caisses de la marine. (*Art.* 419 *et* 420 *de la même ordonnance*).

69. *D.* Que doivent-ils produire pour obtenir ce payement?

R. Ils doivent produire un certificat du commissaire de la puissance chez laquelle ils ont été détenus, constatant le temps pendant lequel ils ont resté en captivité, faute de quoi le paiement de ce qui peut leur être dû est ajourné jusqu'à ce que leurs droits aient été reconnus; et, dans ce cas, ils ne reçoivent que l'indemnité de route jusqu'à leur arrivée, soit à leur corps, soit dans leurs foyers. (*Article* 108 *de l'ordonnance du* 19 *mars* 1823).

70. *D*. De quel jour les hommes remplacés cessent-ils de compter à leur corps?

R. Du jour de l'admission de leurs remplaçans sous les drapeaux.

71. *D*. Quel est le rappel de solde à faire depuis leur départ du corps, aux sous-officiers et soldats désertés ou réformés, congédiés définitivement, pensionnés ou passés aux invalides, étant en congé d'un an ou à l'hôpital?

R. Il n'en est fait aucun. (*Article* 117 *de l'ordonnance du* 19 *mars* 1823, *et décision ministérielle du* 23 *mai* 1825).

72. *D*. Qu'y a-t-il à remarquer pour tout sous-officier et soldat qui perd sa feuille de route?

R. Qu'il ne reçoit, après son retour au corps, aucun décompte de linge et chaussure pendant six mois, et les sommes qui lui reviennent pour son excédant de masse, sont mises en réserve, pour servir au remboursement des effets de petit équipement qui ont pu lui être délivrés pendant sa route. (*Article* 388 *de l'ordonnance du* 19 *mars* 1823).

73. *D.* A qui est-il accordé des hautes-paies ?

R. Il est accordé des hautes-paies aux anciens sous-officiers et soldats. (*Article* 128 *de la même ordonnance*).

74. *D.* Comment sont-elles désignées ?

R. Elles sont désignées sous les noms de hautes-paies de premier, deuxième et troisième chevrons. Leur quotité est déterminée par le tarif. (*Article* 128 *de l'ordonnance du* 19 *mars* 1823).

75. *D.* Comment s'acquièrent les chevrons et les hautes-paies ?

R. Les chevrons et les hautes-paies qui y sont attachées, sont acquises aux sous-officiers et soldats;

SAVOIR :

Le chevron à huit ans;

Le double chevron à douze ans;

Et le triple chevron à seize ans. (*Article* 129 *de l'ordonnance du* 19 *mars* 1823).

76. *D.* Comment se divise la haute-paie ?

R. Elle se divise en deux portions.

L'une est acquittable avec la solde journalière; l'autre est payable à l'avance et au moment du rengagement. (*Article* 130 *de l'ordonnance du* 19 *mars* 1823).

77. *D.* Quel est le mode de procéder dans le calcul des services qui donnent droit à la haute-paie ?

R. Lorsqu'il s'agit de déterminer les

droits des sous-officiers et soldats à la haute-paie, le temps fait par les hommes appelés ou par leurs remplaçans, doit être calculé à partir du 1.er janvier de l'année où ils ont été immatriculés comme jeunes soldats, et celui des enrôlés volontaires, à dater du jour de leur engagement (*Article* 131 *de l'ordonnance du* 19 *mars* 1823), à moins qu'ils n'aient point rejoint dans les délais, auquel cas le retard est considéré comme absence illégale, et déduit des services, conformément au n.° 1223 du supplément au manuel de recrutement.

Les hommes engagés antérieurement à la loi du 10 mars 1818, ne comptent que du jour de leur première incorporation. (*N.°* 1328 *idem*).

Ceux qui n'avaient pas l'âge requis, et qui ont été admis avant la loi du 10 mars 1818, peuvent faire compter leurs services depuis l'âge de 16 ans; tandis que ceux admis depuis cette loi ne peuvent les faire compter que de l'âge de 18 ans. (*N.*os 1330 *et* 1331 *du supplément au manuel de recrutement*).

Il est tenu compte aux appelés et aux enrôlés volontaires servant en personne, du service actif qu'ils ont fait antérieurement à leur appel ou à leur engagement. (*Art.* 132 *de l'ordonnance du* 19 *mars* 1823).

Les remplaçans sont exclus de cette faveur.

Ces derniers ne sont pas admis non plus pour établir leurs droits à la haute-paie à cumuler avec leurs services comme remplaçans, celui qu'ont déjà fait les militaires dont ils viennent de prendre la place sous les drapeaux. (*Article* 132 *de l'ordonnance du* 19 *mars* 1823).

Toutefois, quand un remplaçant, après avoir fait le temps spécifié dans l'acte de remplacement, se détermine à se rengager pour son propre compte, il peut faire valoir ses services antérieurs, à quelque titre que ce soit, pour la fixation de la haute-paie journalière (1).

Le décompte des services donnant droit à la haute-paie, ne doit point comprendre le temps des absences illégales. (*Article* 133 *de l'ordonnance du* 19 *mars* 1823).

Cependant les hommes désertés en 1814 et 1815 sont considérés comme en congé illimité depuis le jour de leur disparution du corps, jusqu'à celui de la publication de la loi du 10 mars 1818, qui les a tous libérés. Cette absence leur compte comme service pour les hautes-paies et la libération. (*N.° 1247 du manuel de recrutement*). Toutefois, ce bénéfice cesse pour ceux qui avaient huit ans de service au moment de l'absence illégale, ou à partir de l'époque

(1) Solution donnée le 11 avril 1825.

à laquelle ils ont atteint ces huit ans pendant ladite absence, par la raison que, conformément à l'article 16 de l'ordonnance de création, en date du 3 août 1815, tous les militaires qui avaient huit ans de service, ont eu droit à un congé absolu.

Le temps passé en état de détention, est aussi déduit pour les chevrons, bien que compté pour la libération. (*N.° 1329 du manuel de recrutement*).

Le temps de service pour les retardataires, ne court que du jour de leur incorporation. (*Article* 135 *de l'ordonnance du* 19 *mars* 1823).

78. *D.* Quelles sont les époques d'admission aux différens degrés de haute-paie?

R. Les divers degrés de haute-paie auxquels ont droit, suivant leur ancienneté, les sous-officiers et soldats de toutes armes qui se rengagent, sont, savoir : les hommes appelés, à partir du jour où ils ont terminé le temps de service auquel chaque degré est attaché, et les enrôlés volontaires, à dater du jour que suit l'expiration du temps fixé par leur premier engagement, s'il n'est que de six ans, et à dater du jour qui suit la sixième année, s'il est de huit ans. (*Article* 134 *de l'ordonnance du* 19 *mars* 1823).

79. *D.* Quelle est la haute-paie d'un militaire qui, par l'effet de son rengagement ou de sa désignation, change de corps?

R. Il a droit à la haute-paie attribuée à l'arme pour laquelle il se rengage ou pour laquelle il est désigné. (*Article* 135 *de l'ordonnance du* 19 *mars* 1823).

80. *D.* Comment est décomptée la haute-paie journalière ou portion de la haute-paie acquittable avec la solde?

R. Elle est décomptée pour chacun des jours dont se compose le mois; le militaire en conserve la jouissance dans toutes les positions qui lui donnent droit à une solde d'activité quelconque, et même lorsqu'il est en congé limité sans solde. (*Article* 136 *et* 305 *de l'ordonnance du* 19 *mars* 1823).

81. *D.* D'où dépend la portion de la haute-paie acquittable avec la solde?

R. Elle dépend uniquement de la durée du service déjà fourni; ainsi, tout sous-officier ou soldat a droit à la haute-paie d'un chevron dès l'accomplissement de sa huitième année de service. (*Article* 137 *de la même ordonnance*).

Les militaires ayant servi dans la marine sont admis à compter ces services pour la haute-paie journalière, lorsque leur passage dans l'armée de terre a eu lieu par l'effet d'un acte indépendant de leur volonté, tel qu'une mesure d'organisation générale, ou un ordre du gouvernement, soit collectif, soit individuel. (*Article* 138 *de l'ordonnance du* 19 *mars* 1823).

Les services comme marin ou comme ouvrier classé ne comptent que de l'âge de dix-huit ans, et seulement pour le temps passé sur le vaisseau ou dans les chantiers et arsenaux de l'Etat. (*Article* 138 *de la même ordonnance*).

82. *D.* Les sous-officiers et soldats qui jouissent de la haute-paie journalière et qui sont faits prisonniers de guerre, sont-ils rappelés de leur retour en France de cette haute-paie?

R. Ils sont rappelés de cette haute-paie sans progression de classe pour tout le temps de leur captivité (*Article* 139 *de l'ordonnance du* 19 *mars* 1823); mais ils ne sont payés qu'à leur arrivée au corps. (*Article* 380 *de la même ordonnance*).

83. *D.* Pour combien de temps la portion de la haute-paie acquittable à l'avance est-elle due?

R. Pour deux ans ou pour quatre ans ; le décompte en est calculé de la manière suivante ; savoir :

	Infanterie de ligne.		Autres armes.	
	Soldats et Caporaux.	Sous-officiers.	Soldats, Caporaux ou Brigadiers	Sous-officiers.
Pour un rengagement de 2 ans.	22 f.	60 f.	37 f.	74 f.
Pour un rengagement de 4 ans.	44	120	74	148

(*Article* 1.er *de l'ordonnance du* 1.er *décembre* 1824).

84. *D.* Les soldats, caporaux et fourriers qui, après s'être rengagés, passent à un grade supérieur, ont-ils droit à un rappel de la haute-paie acquittable à l'avance pour raison de la différence de fixation existant entre l'ancien et le nouveau grade ?

R. Ils n'ont droit à aucun rappel. (*Article* 141 *de l'ordonnance du* 19 *mars* 1823).

85. *D.* Lorsqu'un sous-officier ou soldat contracte un rengagement avant d'avoir accompli huit années de service, quel jour la portion de la haute-paie acquittable à l'avance lui est-elle soldée ?

R. Aux sous-officiers et caporaux, au moment où ils signent le rengagement ; aux soldats, après la revue d'inspection qui précède immédiatement le jour où la durée de ces rengagemens commence à courir (1).

(1) Ampliation du 3 décembre 1824 à l'ordonnance du 1.er décembre 1824.

86. *D.* Quelles sont les dispositions spéciales aux musiciens et autres gagistes?

R. Les musiciens et maîtres-ouvriers n'ont aucun droit à la haute-paie, s'ils ne sont pas liés au service comme appelés ou comme enrôlés volontaires. (*Article* 144 *de l'ordonnance du* 19 *mars* 1823).

Les gagistes qui contractent un engagement sont admis à la haute-paie journalière à l'expiration du temps déterminé par la loi, s'ils se sont rengagés.

Dans ce cas, la durée du premier temps de service court à partir du jour où l'homme a été incorporé comme gagiste : toutefois il ne lui est pas tenu compte des services antérieurs à l'âge de 18 ans. (*Article* 145 *de l'ordonnance du* 19 *mars* 1823).

Le musicien ou maître-ouvrier qui a au moins six ans de service comme gagiste au moment où il contracte son engagement, a droit à la haute-paie journalière attribuée à la classe à laquelle le porte la durée de ses services; mais la jouissance de cette haute-paie ne date que du jour de l'engagement, sans qu'il y ait lieu à aucun rappel pour le temps antérieur. (*Article* 146 *de l'ordonnance du* 19 *mars* 1823).

Les musiciens et maîtres-ouvriers déjà liés au service, ont droit, lorsqu'ils se rengagent, à la portion de la haute-paie acquittable à l'avance, comme les simples soldats.

Les maîtres-armuriers ayant le grade de sergent, sont traités, sous ce rapport, comme sous-officiers. (*Article* 147 *de l'ordonnance du* 19 *mars* 1823).

87. *D.* A qui est dû le supplément de solde de route accordé pour les distances d'étapes parcourues dans un même jour en sus de la première?

R. Il est dû au corps en détachement, lorsque le mouvement a lieu d'après un ordre spécial du ministre secrétaire d'état de la guerre, ou, en cas d'urgence, du général commandant sur les lieux. (*Article 151 de l'ordonnance du* 19 *mars* 1823).

Les troupes transportées par relais ont droit à ce supplément; mais il ne peut être alloué à celles transportées par eau. (*Article* 151 *de la même ordonnance*).

88. *D.* A qui est dû le supplément de solde pour séjour dans Paris?

R. Il est dû aux corps de la garde royale et de la ligne stationnés, soit dans la capitale, soit dans les places de Vincennes, Bicêtre, Saint-Denis, Neuilly, Ruel et Courbevoie. (*Article* 152 *de l'ordonnance du* 19 *mars* 1823).

Ce supplément de solde n'est dû aux sous-officiers et soldats que pour les journées de présence à leur poste. Ainsi, les militaires qui viennent à Paris en mission ou en congé, ceux qui, étant en service à Paris, ou dans la banlieue, vont en mission, en congé, ou entrent aux hôpitaux, n'y ont pas droit pour les journées pendant lesquelles ils se trouvent dans ces positions.

Les corps de la garde royale dont les garnisons ne sont éloignées de Paris que d'une journée de marche, jouissent du supplément pour cette journée de marche, soit pour aller, soit pour revenir. (*Article* 154 *de l'ordonnance du* 19 *mars* 1823).

89. *D.* Quel est le supplément de solde des sergens et caporaux attachés aux dépôts de recrutement?

R. Ce supplément de solde est fixé à vingt-six centimes par jour pour les sergens, et à vingt centimes pour les caporaux. (*Article* 160 *de l'ordonnance du* 19 *mars* 1823).

90. *D.* Les sous-officiers et soldats de toutes armes, en activité, qui sont détachés extraordinairement de leur corps

pour le service de recrutement et pour la conduite des hommes de nouvelle levée, ont-ils droit à un supplément de solde?

R. Ils ont droit pendant le temps qu'ils sont employés à ce service;

SAVOIR:

Les sous-officiers et caporaux, aux supplémens fixés ci-dessus, les soldats à dix centimes, et les tambours et clairons à quinze centimes par jour (*Article* 161 *de l'ordonnance du* 19 *mars* 1823); mais s'il arrivait qu'un sous-officier ou soldat, marchant pour le service de recrutement, vint à entrer à l'hôpital pendant sa route, il cesserait dès-lors d'avoir droit à ce supplément, et serait traité comme tout autre militaire en activité entrant à l'hôpital externe. (*Article* 162 *de l'ordonnance du* 19 *mars* 1823).

91. *D.* Au bout de combien de temps un homme est-il réputé déserteur?

R. Pendant la guerre, est réputé déserteur tout homme absent de son corps depuis vingt-quatre heures, dans une place de guerre ou à l'armée; depuis quarante-huit heures de tout autre lieu, ou qui a dépassé de huit jours la durée de son congé.

Pendant la paix, l'homme qui a plus de six mois de service, depuis trois fois vingt-quatre heures dans un camp ou une place de guerre, et huit jours de tout autre lieu, ou qui a dépassé de quinze jours la durée de son congé; celui qui a moins de six mois de service, n'est déclaré déserteur qu'après quinze jours d'absence d'une place de guerre ou d'un camp, un mois dans tout autre lieu, ou un mois après l'expiration de son congé.

DEUXIÈME PARTIE.

QUESTIONS

RELATIVES AUX FONCTIONS

DE SERGENT-MAJOR.

DEUXIÈME PARTIE.

QUESTIONS
RELATIVES AUX FONCTIONS DE SERGENT-MAJOR.

ART. 1.er *Demande.* Qu'est-ce que la comptabilité?

Réponse. La comptabilité ou mode d'apurement, est l'obligation de prouver l'emploi de l'argent ou des valeurs reçues et délivrées, et de s'acquitter de cette reddition de compte suivant les formes consacrées.

2. *D.* Quel est votre premier soin en entrant en fonctions?

R. De vérifier si tous les effets de toute nature existans dans la compagnie, cadrent avec les registres et les livrets. (*Article* 171 *de l'ordonnance du* 13 *mai* 1818.).

3. *D.* Cette vérification faite, de quoi êtes-vous responsable?

R. De l'entretien de tous ces effets. (*Article* 171 *de l'ordonnance du* 13 *mai* 1818), et, en outre, envers le capitaine seulement, des fonds et des détails de l'administration, sans pouvoir toutefois gêner en rien les droits des officiers de section à cet égard. (*Article* 170 *de l'ordonnance du* 13 *mai* 1818).

4. *D.* Quelle est la nomenclature des livres et registres tenus dans une compagnie?

R. Un livre de compagnie;

Un livret pour chaque homme de la compagnie;

Un livret pour chaque ordinaire. (*Article 714 de l'ordonnance du* 19 *mars* 1823).

Un registre de détail,

Et un registre pour les punitions. (*Art.* 173 *de l'ordonnance du* 13 *mai* 1818).

15. *D.* Quel est l'objet du livre de compagnie, du livret pour chaque homme de troupe, du registre de détail et du registre de punitions?

R. Le *Livre de compagnie*, qui répète les inscriptions faites aux matricules des officiers et des hommes de troupe, ainsi qu'aux contrôles annuels, sert à l'inscription et à la justification des distributions et consommations tant en deniers qu'en matières; il présente en outre, dans tous les détails, le compte individuel de la masse de linge et chaussure de chaque sous-officier et soldat, et la situation des effets principaux dont chaque homme est pourvu. (*Article* 735 *de l'ordonnance du* 19 *mars* 1823).

Le *Livret pour chaque homme de troupe* sert à inscrire ses nom et prénoms, son signalement, les numéros de son bataillon et de sa compagnie, ses services successifs et les effets de toute espèce qui lui sont fournis; il contient en outre un compte ouvert à la masse de l'homme. (*Article* 738 *de l'ordonnance du* 19 *mars* 1823).

Le *Registre de détail* sert à l'inscription des effets d'habillement, d'équipement et d'armement délivrés comme première mise ou comme remplacement; à l'enregistrement sommaire et détaillé des effets de linge et chaussure fournis aux hommes; et enfin, à l'enregistrement détaillé des réparations à l'habillement, à l'équipement et à l'armement, tant au compte de l'homme qu'au compte du corps.

Le *Registre de punitions* sert à enregistrer les fautes et leur date, ainsi que le genre et la durée.

6. *D.* Quelle est l'époque de l'ouverture des feuilles de journées, et ce qu'elles présentent?

R. Les feuilles de journées sont ouvertes les premiers jours de chaque trimestre; elles sont nominatives, et présentent,

1.° Les mouvemens et mutations survenus depuis la revue générale de comptabilité;

2.° Le détail des journées donnant droit aux diverses espèces de solde et aux supplémens et accessoires de solde, aux fournitures en vivres et chauffage;

3.° Le décompte des sommes et des rations à allouer;

4.° Le décompte spécial de la portion de haute-paie acquittable à l'avance;

5.° Le nombre des hommes ayant droit aux premières mises de petit équipement;

6.° Enfin, celui des condamnés aux travaux publics et au boulet, à qui l'habillement a été fourni. (*Article* 536 *de l'ordonnance du* 19 *mars* 1823).

7. *D.* A qui est remise cette feuille de journées, et que doit-on y inscrire chaque jour ?

R. Elle est remise au capitaine, et on y inscrit chaque jour, chez lui, au rapport du matin, les mutations survenues pendant les vingt-quatre heures, en sorte qu'à la fin du trimestre il ne reste plus qu'à y remplir les colonnes des journées et les décomptes.

8. *D.* Que présente le rapport journalier que vous devez remettre tous les matins à l'heure que prescrit le réglement sur le service intérieur ?

R. Il présente la situation numérique de la compagnie ; il indique nominativement les mutations et mouvemens survenus la veille dans la compagnie, et fait connaître la situation des fonds de masse de linge et chaussure des hommes morts, désertés ou abeeus pour quelle que cause que ce soit. (*Article* 766 *de l'ordonnance du* 19 *mars* 1823).

9. *D.* Que devez-vous joindre à ce rapport?

R. Les billets de sortie d'hôpital, les feuilles de route, les congés, les lettres de service, et généralement toutes les pièces justificatives des mutations. (*Article* 766 *de l'ordonnance du* 19 *mars* 1823).

10. *D.* A quelle époque les contrôles et les livres de compagnie sont-ils renouvelés?

R. Au commencement de chaque année, on a soin de rappeler sur les nouveaux le dernier mouvement de chaque individu qui est absent du corps. (*Article* 469 *de l'ordonnance du* 19 *mars* 1823).

Les militaires qui surviennent après la confection ou le renouvellement annuel des contrôles, sont ajoutés à la suite de leurs grades respectifs, et leur classement par rang d'ancienneté n'a lieu qu'au renouvellement des contrôles. (*Article* 469 *de l'ordonnance du* 19 *mars* 1823).

11. *D.* Que devez-vous indiquer lorsqu'un militaire passe, dans le même corps, d'une compagnie à une autre?

R. On indique sur les contrôles annuels de la compagnie qu'il a quittée, le numéro de la case qu'il doit occuper dans sa nouvelle compagnie, et on porte sur le contrôle de sa nouvelle compagnie le numéro de la case qu'il occupait dans l'ancienne. (*Art.* 470 *de l'ordonnance du* 19 *mars* 1823).

12. *D.* Et lorsqu'il avance en grade, sans changer de compagnie?

R. Il est rayé de la case qu'il occupait, et il est inscrit dans une case à la suite de son nouveau grade. (*Article* 470 *de l'ordonnance du* 19 *mars* 1823).

On opère de la même manière pour les sous-officiers et caporaux descendus à un grade ou à un rang inférieur, sans changer de compagnie. (*Article* 470 *de l'ordonnance du* 19 *mars* 1823).

13. *D*. Et pour les militaires changeant de corps, ceux absens de leur corps, ceux prévenus de désertiou, ceux réadmis, ceux faits prisonniers de guerre, etc.?

R. Lorsqu'un homme passe d'un corps dans un autre, le conseil d'administration du corps d'où il sort est tenu d'en donner avis sur-le-champ à son nouveau corps, et de l'informer du jour du départ. (*Articles* 462 *et* 471 *de l'ordonnance du* 19 *mars* 1823).

Les militaires absens de leur corps, et ceux prévenus de désertiou sont, rayés des contrôles, lorsqu'il résulte d'un jugement, d'une décision ou d'un fait constaté qu'ils n'appartiennent plus à ces corps, ou bien lorsque six mois se sont écoulés sans qu'on ait pu découvrir ce qu'ils sont devenus. (*Article* 473 *de l'ordonnance du* 19 *mars* 1823).

Les militaires réadmis à leur corps sont inscrits sur les contrôles comme hommes de nouvelle levée. (*Article* 473 *de l'ordonnance du* 19 *mars* 1823).

Les hommes faits prisonniers de guerre sont rayés des contrôles annuels, à compter du jour où ils sont tombés au pouvoir de l'ennemi; ils sont compris sur un registre particulier, qui est tenu au dépôt. A leur rentrée au corps, ils sont rayés de ce registre, et réintégrés sur le contrôle. (*Art.* 473 *de l'ordonnance du* 19 *mars* 1823).

En cas de mort, de radiation, et dans tous les cas d'absence, on porte sur le contrôle, à la suite de la mutation de l'homme, la situation de sa masse de linge et chaussure. (*Article 474 de l'ordonnance du* 19 *mars* 1823).

14. *D.* Que devez-vous faire lorsqu'on incorpore un homme dans la compagnie?

R. Je dois, si c'est un homme de recrue, le conduire au chirurgien-major pour qu'il le visite; ensuite demander les ordres du capitaine pour le placer dans une escouade, lui indiquer son chef d'escouade et de subdivision; transcrire son signalement sur le livre de compagnie et sur son livret, et son nom sur tous les registres où il doit être mentionné; et après, m'occuper des moyens de pourvoir à son habillement, armement et équipement.

15. *D.* Que devez-vous faire lorsqu'un homme change de corps?

R. Après que le commandant de la compagnie a réglé et signé le compte individuel de cet homme au jour de son départ, sur son livret, je remets au trésorier un état nominatif, vérifié par le major, présentant la situation de son fonds de masse. (*Article* 840 *de l'ordonnance du* 19 *mars* 1823).

16. *D.* Et à l'égard des hommes qui entrent dans une position éventuelle d'absence ?

R. On règle le compte de leur fonds de masse, tant sur le livret individuel que sur le livre de compagnie, et on les mentionne dans le rapport journalier. (*Article* 841 *de l'ordonnance du* 19 *mars* 1823).

17. *D.* Comment touchez-vous le prêt?

R. Tous les quatre jours, soit en station, soit en route, sur un état dit *quatridiaire*, qui présente :

1.° La situation de l'effectif par grade, le détail nominatif des mutations survenues pendant les quatre jours précédens, et la balance des gains et des pertes ;

2.° Le compte provisoire des sommes

à payer à titre de prêt pour la solde, pendant les quatre jours suivans, et lorsqu'il y a lieu, pour la solde de route;

3.° Le nombre des rations de toute nature à percevoir pour les hommes pendant le même temps. (*Article* 772 *de l'ordonnance du* 19 *mars* 1823).

18. *D.* Qu'y a-t-il à remarquer pour le premier état quatridiaire d'un trimestre?

R. Qu'il ne doit comprendre que la solde des quatre premiers jours de ce trimestre; les augmentations ou déductions à faire pour les mutations survenues pendant les derniers jours du trimestre expiré, devant être réglées lors du décompte contradictoire établi entre les commandans de compagnies et le trésorier. (*Article* 797 *de l'ordonnance du* 19 *mars* 1823).

19. *D.* Quels sont les effets d'habillement, d'équipement et d'armement, que

chaque recrue reçoit, aussitôt son arrivée au corps ?

R. Il reçoit les effets ci-après :

Une capote,
Un habit,
Une veste,
Un pantalon de drap,
Deux pantalons de toile,
Un bonnet de police,
Un schakos,
Un pompon,
Une giberne,
Un porte-giberne,
Une bretelle de fusil,
Un tire-balle,
Un petit nécessaire d'armes,
Un fusil,
Une bayonnette,
Et un fourreau de bayonnette.

Toutes les parties de l'habillement doivent être timbrées de l'année où elles sont façonnées ; les habits et les vestes doivent être marqués sur les plis de derrière, et les pantalons sur le côté droit extérieur de la ceinture. Tous les effets d'équipement et d'armement doivent être également marqués.

20. *D.* Quelle est la marche à suivre pour toutes les réparations?

R. Toutes les réparations qui ont lieu dans le courant de l'année se font dans l'intérieur des compagnies, par le soldat lui-même, ou par un ouvrier de la compagnie, dans la chambre, sous la surveillance du sergent-major.

Pour les réparations (autres que celles qui peuvent être exécutées par le soldat lui-même, ou par un ouvrier de la compagnie, ou qui ont lieu par abonnement), elles sont faites aux ateliers du corps, sur des bons visés par l'officier de la subdivision et approuvés par le capitaine, qui y spécifie au compte de quelle masse elles doivent être imputées. Un sergent ou caporal, porteur du bon, accompagne chez l'officier d'habillement le soldat muni de l'effet à réparer. L'officier d'habillement vise le bon, après avoir reconnu que la réparation est exprimée comme elle doit l'être, et réellement imputable sur la masse indiquée : en cas de contestation à cet égard, le major prononce. L'officier d'habillement ne rend les effets qu'après s'être assuré que la réparation a été bien faite.

Les effets mal réparés, comme ceux mal confectionnés, sont retouchés au compte du maître ouvrier. (*Articles* 56, 100 *et* 175 *de l'ordonnance du* 13 *mai* 1818.)

Les mêmes marches sont suivies pour les réparations à faire au grand équipement.

Les réparations des armes des compagnies se font sur des bons, visés par l'officier de la subdivision et approuvés par le capitaine, qui indique au compte de qui la réparation doit être imputée. (*Article* 33 *de l'instruction de l'armement*). Ces bons sont portés, avec l'arme à réparer par le sous-officier de semaine, au sous-lieutenant d'armement du bataillon, qui les vise également après avoir reconnu si la réparation est bien indiquée; en cas de doute sur l'imputation, il en réfère au lieutenant d'armement, qui soumet la question au major, lorsque l'imputation lui paraît mal faite. (*Article* 34 *de l'instruction de l'armement*). Après la réparation, l'arme est présentée par le maître armurier au lieutenant d'armement, qui vérifie si elle est bien faite, et alors le vise de nouveau. (*Article* 35 *de l'instruction de l'armement*).

21. *D*. Que devez-vous faire lorsque vous avez des effets à recevoir?

R. Je dois faire un bon, l'enregistrer et le présenter à la signature du capitaine, après toutefois qu'il aura été visé par les officiers de sections.

22. *D.* Que faites-vous encore lorsque les effets sont délivrés aux soldats?

R. J'inscris sur le registre de la compagnie, et en même-temps sur les livrets des hommes, en leur présence, les effets qui leur sont délivrés tant sur leur masse de linge et chaussure qu'au compte du corps. (*Article* 176 *de l'ordonnance du* 13 *mai* 1818).

A mesure que les recrues reçoivent des effets militaires, je leur retire les habillemens bourgeois correspondans; à l'exception d'un gilet qu'ils peuvent porter étant en tenue de corvée, en gilet à manches ou en capote.

Je dois aussi les obliger à se défaire de leurs habits bourgeois en présence d'un sous-officier. (*Article* 177 *de l'ordonnance du* 13 *mai* 1818).

23. *D.* Que faites-vous des effets des hommes aux hôpitaux, en congé, rayés, etc.?

R. Je les porte de suite au magasin d'habillement, numérotés et étiquetés ; je reçois, signé de l'officier d'habillement, le double de l'état détaillé des effets que je dépose. (*Article* 178 *de l'ordonnance du* 13 *mai* 1818).

24. *D.* Que devez-vous inscrire sur le titre en vertu duquel un homme s'absente, relativement à ses effets militaires?

R. Le nombre, l'espèce et la qualité de ceux qu'il emporte ou qu'il laisse. (*Article* 178 *de l'ordonnance du* 13 *mai* 1818).

25. *D.* Que devez-vous faire, en rayant un homme des contrôles?

R. Remettre au capitaine le livret pour qu'il l'arrête, et rendre définitivement au magasin d'habillement les effets de l'homme rayé, avec le livret à l'appui. (*Article* 173 *de l'ordonnance du* 13 *mai* 1818).

26. *D.* Quels sont les renseignemens que vous devez afficher dans votre chambre,

et quels sont les états, listes et placards à apposer aux portes de chaque chambrée?

R. Je dois afficher dans ma chambre, les domiciles du grand état-major, des officiers de santé, et sur ma porte, le nom des officiers de la compagnie avec l'indication de leur logement, et plus bas, mon nom et celui de mon fourrier.

Je fixe à la porte de chaque chambrée une liste indiquant le numéro du bataillon et de la compagnie, le nom du capitaine, celui de l'officier de la section, celui du sergent de la subdivision, et ceux des caporaux et soldats de la chambrée.

J'affiche en dedans des chambreés les devoirs des caporaux de chambrées, un extrait des lois pénales, ainsi que l'état des objets de casernement qui doit être signé du fourrier et du caporal. (*Article* 179 *de l'ordonnance du* 13 *mai* 1818).

27. *D.* Que devez-vous faire lorsqu'il y a une revue de sous-intendant ?

R. Une feuille d'appel présentant les numéros, noms, prénoms, surnoms et grades des officiers, sous-officiers et soldats, ainsi que leurs mouvemens et mutations depuis la dernière revue. Je dois être porteur du livre de détail de la compagnie, et faire en arrière du rang, pendant que le sous-intendant passe devant la troupe, l'appel des sous-officiers, caporaux, soldats et enfans de troupe. (*Article* 517 *de l'ordonnance du* 19 *mars* 1813).

28. *D.* Que devez-vous faire lorsque des sous-officiers ou soldats arrivent au corps, soit pour la première fois, soit après une absence quelconque?

R. Je dois les faire conduire, dans les vingt-quatre heures de leur arrivée, au sous-intendant militaire, ou, en cas d'absence de ce fonctionnaire, chez le commandant de la place, par le fourrier de la compagnie, qui lui présentera les pièces en vertu desquelles ces hommes sont arrivés au corps. (*Article 85 de l'ordonnance du 19 mars* 1823).

29. *D.* Par qui les livrets d'ordinaire sont-ils tenus ?

R. Par des caporaux, autant que possible, et de préférence, par le plus ancien dans chaque chambrée, s'il y en a deux. Mais comme tel caporal, d'ailleurs très-propre aux autres fonctions de son grade, ne l'est pas toujours à celles de chef d'ordinaire, le capitaine peut désigner le caporal le moins ancien ou un soldat qui, à l'aptitude, réunisse la confiance de ses camarades. (*Article 96 de l'ordonnance du* 13 *mai* 1818).

30. *D.* De quoi est chargé chaque chef d'ordinaire?

R. D'inscrire successivement, après la distribution de chaque prêt,

1.° La portion du prêt affectée aux dépenses de l'ordinaire;

2.° Le supplément versé par les sous-officiers quand ils vivent à l'ordinaire;

3.° Le prélèvement fait sur la solde des travailleurs et sur les rappels dus aux hommes de troupe qui étaient absens comme garnisaires;

4.° Le prix payé par les travailleurs pour leur service, lorsqu'il roule sur l'ordinaire;

5.° La retenue faite aux hommes punis de la prison et de la salle de police;

6.° Ce qui revient aux hommes rentrés de permission, prélèvement fait de la retenue affectée à la masse de linge et chaussure. (*Article* 808 *de l'ordonnance du* 19 *mars* 1823).

31. *D.* Comment le compte du prêt est-

il porté, et par qui la remise des fonds destinés à l'ordinaire est-elle faite ?

R. Le compte du prêt est porté en tête du livret d'ordinaire : il est signé par le sergent-major et le chef d'ordinaire, et vérifié par l'officier de semaine. (*Article* 801 *de l'ordonnance du* 19 *mars* 1823).

Le sergent-major remet au chef d'ordinaire la portion du prêt destinée aux dépenses de l'ordinaire, en lui tenant compte des augmentations et diminutions qui résultent des mutations survenues depuis le dernier prêt. (*Article* 800 *de l'ordonnance du* 19 *mars* 1823).

32. *D.* Comment sont justifiés les produits détaillés aux troisième, quatrième, cinquième et sixième alinéa de la question 30 ?

R. Ils sont justifiés au moyen du relevé des journées portées au livre de compagnie, sur les états nominatifs des travailleurs, des garnisaires, des hommes en permission, et de ceux punis de la prison ou de la salle de police. (*Article* 810 *de l'ordonnance du* 19 *mars* 1823).

33. *D*. Quand des sous-officiers et soldats absens rentrent au corps vers la fin d'un trimestre, ou bien qu'ils partent à cette époque en congé, à l'hôpital, etc., et lorsque la dernière feuille quatridiaire est acquittée, que faites-vous, dans l'un ou l'autre cas, pour rappeler ou diminuer, soit la solde, soit les vivres?

R. Je fais un état nominatif pour servir au décompte des prestations en deniers et en nature; à payer ou à retenir, à raison des mutations survenues du vingt-neuf au trente ou trente-un (premier mois du trimestre).

34. *D*. Quelles sont les feuilles, bordereaux et états que vous avez à remettre à la fin de chaque trimestre, soit au Trésorier,

soit à l'Officier chargé de l'habillement?

R. Les feuilles, bordereaux et états que je dois remettre à la fin de chaque trimestre, sont ; SAVOIR :

Au Trésorier,

1.° Une feuille de journées ;

2.° Une feuille de situations individuelles de la masse de linge et chaussure ;

3.° Un état nominatif des hommes dont les fonds de masse de linge et chaussure se sont accrus au moyen des versemens qui y ont été faits ;

4.° Un bordereau des réparations faites à la chaussure, à l'armement et au grand équipement, au compte des hommes ;

5.° Un état de totalisation des sommes payées à titre de prêt ;

6.° Un état comparatif des prestations allouées sur la feuille de journées.

A l'Officier chargé de l'habillement,

1.° Un bordereau général de linge et chaussure ;

2.° Un bordereau général des réparations à l'armement;

3.° Un bordereau général des réparations à l'habillement;

4.° Un bordereau général des réparations à l'équipement;

5.° Un bordereau général des réparations à la chaussure;

6.° Un bordereau général des effets d'habillement reçus (remplacemens et premières mises);

7.° Un bordereau général des effets d'habillement versés;

8.° Un bordereau général des effets d'armement et d'équipement reçus;

9.° Un bordereau général des effets d'armement et d'équipement versés;

10.° Une situation d'armement.

35. *D.* A quelles époques a lieu le paiement des décomptes de la masse de linge et chaussure?

R. Au premier janvier, au premier avril, au premier juillet et au premier octobre de chaque année.

36. *D.* Quelle est la condition nécessaire à tout homme pour avoir droit au paiement de l'excédant de la masse?

R. D'être présent au corps à l'époque du premier jour de chaque trimestre, et d'avoir son sac garni des effets ci-après;

SAVOIR:

Trois chemises,
Deux paires de souliers,
Une paire de demi-guêtres noires,
Deux paires de demi-guêtres blanches,
Un caleçon,
Une paire de bretelles de pantalon,
Deux cols noirs,
Un couvre-giberne,
Un serre-tête,
Un tourne-vis,

Une épinglette,

Un sac de peau,

Un livret. (*Article* 852 *de l'ordonnance du* 19 *mars* 1823).

37. *D.* Ne suspend-on pas le paiement des décomptes aux hommes qui, après une absence, de quelque nature qu'elle soit, ne rapportent pas leurs feuilles de route?

R. On le suspend jusqu'à ce que le conseil d'administration ait obtenu des renseignemens nécessaires sur les effets qui auraient pu leur être fournis en route; toutefois, cette suspension ne peut durer plus de six mois (*Article* 853 *de l'ordonnance du* 19 *mars* 1823), conformément à l'article 388 de l'ordonnance du 19 mars 1823 (1).

(1) Tout sous-officier et soldat qui perd sa feuille de route, ne reçoit, après son retour au corps, aucun

38. *D.* Que devez-vous faire aussitôt que le conseil d'administration a ordonné le paiement des excédans individuels?

R. Je dois dresser, pour être affiché dans chaque chambrée, un état nominatif indiquant la somme à payer à chaque homme qui a un excédant, et présentant la situation de chaque fonds de masse au premier jour du trimestre courant. (*Article* 862 *de l'ordonnance du* 19 *mars* 1823).

39. *D.* Comment se fait la remise des excédans de masse aux sous-officiers et soldats?

R. Le trésorier paie aux commandans de compagnie le montant des excédans de

décompte de linge et chaussure pendant six mois, et les sommes qui lui reviennent pour son excédant de masse, sont mises en réserve pour servir au remboursement des effets de petit équipement qui auront pu lui être délivrés pendant sa route.

masse : ceux-ci font payer immédiatement le montant de chaque excédant individuel, et en font l'inscription, tant sur le livre de compagnie que sur les livrets des hommes, à la date effective du paiement ; après quoi ils arrêtent et signent les livrets en présence des hommes. (*Article* 863 *de l'ordonnance du* 19 *mars* 1823).

40. *D.* Les moins perçus en deniers sont-ils payés?

R. Ils sont payés comptant par le trésorier au commandant de chaque compagnie. (*Article* 817 *de l'ordonnance du* 19 *mars* 1823).

41. *D.* Et les trop perçus?

R. Ils sont retenus sur la solde. (*Article* 817 *de l'ordonnance du* 19 *mars* 1823).

42. *D.* Dans quelles proportions les effets de linge et chaussure doivent-ils être confectionnés?

R. Dans les proportions ci-après:

Havre-sac.

En veau à poil passé en mégie ; largeur générale, bordures comprises et sans les côtés, 410 mill. ; hauteur totale, 340 ; côtés, bordures non-comprises, 140 ; deux oreilles pour recouvrir les côtés, terminées chacune par une courroie en buffle ; recouvremens du sac, hauteur à partir du pli, 350 ; *idem*, largeur, 420 ; hauteur du devant ou profondeur, 270 ; contre-sanglons pour fermer le sac, longueur, 270, largeur à la naissance, 35 ; courroies de charge, longueur, 1,460 ; largeur, 27 ; passans de courroies, largeur, 30 ; intérieur doublé, en outre, avec de la bonne toile grise ; une poche sur le devant, deux sur les côtés ; largeur du porte-olive, 45 ; longueur, 55.

Chemises. Hauteur sur le devant, à partir de la naissance du col, 480; hauteur sur le derrière, 920; largeur, 670; hauteur du col, 80; longueur, 430; longueur des manches, 520; largeur dans la hauteur, 200; au poignet, 120; épaulettes, longueur, à partir de la naissance du col, 160; largeur, 40.

Demi-bas. A trois brins de fil écru du poids de 4 livres à 4 et demie la douzaine.

Souliers. Première semelle en vache, deuxième en cuir fort; talons en cuir fort; empeigne en vache; couture au quartier sur le derrière; sous la semelle 37 clous à tête ronde et plate; sous le talon 31, sans tête.

GUÊTRES NOIRES.	En estamet croisé; hauteur, 260; 9 boutons en cuivre jaune; bande de toile cousue sous les boutons, 30 mill. d'un côté, 40 de l'autre; doublées en entier, à partir de la cinquième boutonnière.
GUÊTRES GRISES.	Mêmes dimensions que les noires; boutons en.....
CALEÇON	Doit être de longueur telle qu'il descende à 40 mill. au-dessus de la cheville du pied; on ne doit pas y placer de cordons à la partie inférieure; doit être coupé de manière que la partie entre les cuisses soit de droit fil, et à ce qu'il ait deux coutures pour chaque jambe.
PANTALON de toile.	Hauteur depuis la ceinture, 440; largeur à la naissance de la séparation, 340; au bas, 200; fonds jusqu'au haut de la ceinture, 440; largeur de la ceinture.....

COLNOIR	En satin turc, coupé en cœur dans le dessus, en ligne droite dans le dessous; longueur, partie haute, 390; partie basse, 350; largeur au centre, 70; et sur le centre de chaque côté, 80.
COUVRE-GIBERNE	Hauteur, 290; largeur, 260; avec un rebord pour recevoir le bas de la patelette de 50 mill. de largeur; 4 attaches de galons en fil, longueur, 190; largeur, 9.

Les sous-officiers, fourriers et caporaux seulement, ont la faculté de porter des pantalons d'été et des effets de petit équipement de qualité supérieure aux modèles adoptés pour la troupe, pourvu toutefois qu'ils n'en diffèrent ni pour la forme ni pour la couleur.

TROISIÈME PARTIE.

QUESTIONS

RELATIVES AUX FONCTIONS DE FOURRIER.

TROISIÈME PARTIE.

QUESTIONS

RELATIVES AUX FONCTIONS

DE FOURRIER.

ART. 1.er *Demande*. Quels sont vos devoirs en ce qui concerne l'administration d'une compagnie?

Réponse. De tenir, sous la direction du sergent-major, tous les registres, et lui fournir toutes les écritures et tous les états relatifs au détail de la compagnie. (*Article* 212 *de l'ordonnance du* 13 *mai* 1818).

2. *D*. De quoi êtes-vous chargé spécialement?

R. 1.° Du livre d'ordres portatif de la compagnie, sur lequel je transcris tous les ordres écrits que je communique aux officiers de la compagnie, lesquels apposent leur signature au pied, pour justifier qu'ils en ont pris connaissance. (*Article* 214 *de l'ordonnance du* 13 *mai* 1818).

2.° Des détails du casernement pour lesquels je tiens un cahier particulier où toutes les fournitures des lits et autres de la compagnie sont portés, en distinguant les qualités, afin de faire remplacer et réparer au compte de qui de droit, et dans le plus bref délai, toutes les pertes et dégradations; le capitaine et l'officier chargés du casernement arrêtent ce cahier à la fin de chaque mois. (*Article* 217 *de l'ordonnance du* 13 *mai* 1818).

3.° Enfin, de recevoir et de distribuer les vivres et le chauffage. (*Article* 213 *de l'ordonnance du* 13 *mai* 1818).

3. *D.* Quelle est votre responsabilité ?

R. Je suis responsable de toute erreur ou mécompte aussitôt que j'ai reçu les distributions. (*Article* 213 *de l'ordonnance du* 13 *mai* 1818).

4. *D.* Que devez-vous faire tous les jours?

R. Je dois, muni du rapport journalier contenant le compte explicatif du mouvement des vingt-quatre heures, me rendre tous les matins, à sept heures, chez le trésorier qui, après en avoir vérifié l'exactitude, prend note des mutations; je rapporte aussitôt au sergent-major ce billet de rapport ainsi vérifié, et lui remets en même temps le relevé des mutations pour être présenté à la signature du capitaine, que je porte ensuite, dans la matinée, au major. (*Article* 215 *de l'ordonnance du* 13 *mai* 1818).

5. *D.* Quels sont les différens numéros du soldat?

R. Ce sont, 1.° le numéro d'inscription matriculaire qui est invariable et roule sur tout le régiment ;

2.° Le numéro du contrôle annuel qui change tous les ans, et ne roule que sur la compagnie ;

3.° Le numéro des effets de grand équipement et d'armement ;

4.° Le numéro de rang de taille, lequel roule sur les caporaux et soldats de la compagnie indistinctement ;

5.° Le numéro d'escouade ;

6.° Le numéro du lit.

6. *D.* A qui est dû le pain sur le pied de paix ?

R. Le pain de munition est dû, sur le pied de paix, à raison d'une ration par homme et par jour, aux sous-officiers, soldats et enfans de troupe de toutes les armes (la gendarmerie exceptée), tant en station qu'en route, lorsqu'ils marchent en corps ou en détachement. (*Article* 248 *de l'ordonnance du* 19 *mars* 1823).

Il est dû aussi à tout sous-officier et soldat détenu. (*Article* 250 *de l'ordonnance du* 19 *mars* 1823).

7. *D.* A qui est-il dû sur le pied de guerre?

R. Il est dû sur le pied de guerre aux officiers, sous-officiers et soldats présens au corps, de toutes les armes. (*Article* 249 *de l'ordonnance du* 19 *mars* 1823).

Il est dû pareillement à tout officier, sous-officier et soldat détenu. (*Article* 250 *de l'ordonnance du* 19 *mars* 1823).

8. *D.* Quels sont les cas où le pain n'est pas dû?

R. Le pain n'est point dû aux hommes en congé, en semestre, en permission, en garnisaire, à l'hôpital ou marchant isolément. (*Article* 251 *de l'ordonnance du* 19 *mars* 1823).

Il n'est pas dû non plus, en temps de guerre, aux militaires nourris chez l'habitant.

9. *D.* A qui sont dus les vivres de campagne ?

R. Ils sont dus généralement, sur le pied de guerre, aux officiers de tous grades, aux sous-officiers et soldats de toutes armes, suivant les règles prescrites pour l'allocation de la solde de guerre. (*Article* 255 *de l'ordonnance du* 19 *mars* 1823).

La fourniture des vivres de campagne, pour les sous-officiers et soldats, est faite sur le pied d'une ration par homme et par jour; et pour les officiers, à raison du nombre de rations de subsistances, déterminé par le tarif pour chaque grade. (*Article* 256 *de l'ordonnance du* 19 *mars* 1823).

10. *D.* Quels sont les cas où ces vivres peuvent être alloués sur le pied de paix ?

R. Les vivres de campagne peuvent être accordés éventuellement sur le pied de paix, en vertu de décisions spéciales du ministre secrétaire d'état de la guerre, aux sous-officiers et soldats tenant garnison dans les forts ou îles en mer. Dans ce cas, la troupe n'a droit qu'à la solde avec vivres de campagne. (*Article* 257 *de l'ordonnance du* 19 *mars* 1823).

La fourniture des vivres de campagne accordée éventuellement dans l'intérieur du royaume, peut être suppléée par l'indemnité en deniers représentatifs de la ration. Cette substitution n'a lieu que lorsqu'elle est autorisée par une décision spéciale du ministre secrétaire d'état de la guerre.

11. *D.* Dans les distributions de vivres, une denrée peut-elle être substituée à une autre ?

R. Oui, mais par ordre spécial du ministre secrétaire d'état de la guerre, ou, en cas d'urgence, du général commandant en chef, lequel doit concerter cette mesure avec l'intendant de l'armée, ou de la division, et en rendre compte sur-le-champ au ministre. (*Article* 260 *de l'ordonnance du* 19 *mars* 1823).

12. *D.* Quels sont ceux qui ont droit aux distributions de liquides, et par qui sont-elles autorisées?

R. Le droit aux distributions de liquides est acquis aux hommes de troupe présens sous les armes. Elles sont autorisées par des décisions du ministre secrétaire d'état de la guerre, ou par des ordres des généraux en chef commandant les armées. (*Article* 261 *de l'ordonnance du* 19 *mars* 1823). Cependant, en cas d'urgence, l'intendant ou le sous-intendant militaire doit, sur l'invitation du général commandant une division territoriale, autoriser la distribution. (*Art.* 261 *de l'ordon. du* 19 *mars* 1823).

Lorsqu'il y a lieu de faire des distributions extraordinaires de vin et d'eau-de-vie, à l'occasion d'une inspection, le droit n'en est acquis qu'aux hommes présens à la revue, et en vertu des seuls ordres de l'inspecteur général, lequel, toutefois, ne peut autoriser qu'une distribution pour chaque corps dans le courant d'une même inspection. (*Article* 262 *de l'ordonnance du* 19 *mars* 1823).

13. *D.* Lorsque, sur le pied de paix, les prestations en liquides ne sont point fournies en nature, comment sont-elles représentées?

R. Elles sont représentées par les indemnités en argent, calculées par homme et par jour.

Les enfans de troupe n'ont droit qu'à la distribution ou à l'indemnité représentative de vinaigre.

14. *D.* A qui est dû le chauffage?

R. Il est dû, sur le pied de paix, aux sous-officiers, soldats et enfans de troupe qui out seuls droit aux rations de chauffage. (*Art.* 278 *de l'ordon. du* 19 *mars* 1823).

Elles ne peuvent être accordées, en temps de guerre, aux officiers, qu'en vertu d'une décision spéciale du général commandant en chef, concertée avec l'intendant en chef de l'armée. (*Article* 278 *de l'ordonnance du* 19 *mars* 1823).

15. *D.* Quels sont ceux qui ont droit à la ration double de celle du soldat?

R. Ce sont les sous-officiers y compris les caporaux-fourriers, les caporaux-tambours, les chefs de musique et les maîtres-ouvriers. (*Article* 279 *de l'ordonnance du* 19 *mars* 1823). Les musiciens gagistes y ont également droit. (*Circulaire du* 13 *août* 1827).

16. *D.* Comment les rations de chauffage sont-elles allouées?

R. Elles sont allouées pour les journées de présence donnant droit à la solde de garnison ou de campagne; cependant elles ne sont dues aux sous-officiers et soldats logés chez l'habitant, qu'à compter de l'expiration du troisième jour de leur entrée dans la place ou le cantonnement, y compris le jour de leur arrivée. (*Article* 281 *de l'ordonnance du* 19 *mars* 1823).

Les militaires employés comme garnisaires n'y ont aucun droit. (*Article* 281 *de l'ordonnance du* 19 *mars* 1823).

Lorsque les troupes sont casernées le jour même de leur arrivée dans une place, elles ont droit au chauffage pour ce jour d'arrivée. (*Article* 281 *de l'ordonnance du* 19 *mars* 1823).

17. *D.* Quelle est la quotité des rations de vivres et de chauffage sur le pied de paix et sur le pied de guerre?

R. (*Voir le tableau d'autre part*).

TARIF pour la quotité des Rations de Vivres et Chauffage.

NATURE DES FOURNITURES.		QUOTITÉ DES RATIONS		
		D'OFFICIER.	de SOUS-OFFICIER et FOURRIER.	de CAPORAL et SOLDAT.
En Campagne.	Pain de munition	126 décagr. (42 onces.)	87 décagr. (28 onces.)	87 décagr. (28 onces.)
	Biscuit	81 décagr. (26 onces.)	55 décagr. (18 onces.)	55 décagr. (18 onces.)
	Viande fraîche et salée	36 décagr. (12 onces.)	24 décagr. (8 onces.)	24 décagr. (8 onces.)
	Lard	27 décagr. (9 onces.)	18 décagr. (6 onces.)	18 décagr. (6 onces).
	Sel	25 grammes. (1/20e de liv.)	16 grammes. (1/30e de liv.)	16 grammes. (1/30e de liv.)
	Riz	45 grammes. (1 once 1/2.)	30 grammes. (1 once.)	30 grammes. (1 once.)
	Légumes secs	90 grammes. (3 onces.)	60 grammes. (2 onces.)	60 grammes. (2 onces.)

NATURE DES FOURNITURES.			QUOTITÉ DES RATIONS D'OFFICIER.	QUOTITÉ DES RATIONS de SOUS-OFFICIER et FOURRIER.	QUOTITÉ DES RATIONS de CAPORAL et SOLDAT.
EN CAMPAGNE.	Liquide..	Vin..........	....	1/4 de litre.	1/4 de litre.
		Eau-de-vie..........	....	1/16e de litre.	1/16e de litre.
		Vinaigre..........	....	1/20e de litre.	1/20e de litre.
	Chauffage d'hiver.	Bois à la mesure..........	....	62e 1/2 au stère.	125e au stère.
		Bois au poids..........	....	48 hectogr. (10 livres.)	24 hectogr. (5 livres.)
		Charbon de terre..........	....	24 hectogr. (5 livres.)	12 hectogr. (2 livres 1/2)
		Tourbes..........	....	24 tourbes.	12 tourbes.
	Chauffage d'été.	Bois à la mesure..........	....	125e au stère.	250e au stère.
		Bois au poids..........	....	24 hectogr. (5 livres.)	12 hectogr. (2 livres 1/2)
		Charbon de terre..........	....	12 hectogr. (2 livres 1/2)	6 hectogr. (1 livre 1/4)
		Tourbes..........	....	12 tourbes.	6 tourbes.

		NATURE DES FOURNITURES.	QUOTITÉ DES RATIONS D'OFFICIER.	QUOTITÉ DES RATIONS de SOUS-OFFICIER et FOURRIER.	QUOTITÉ DES RATIONS de CAPORAL et SOLDAT.
EN GARNISON.		Pain de munition	....	72 décagr. (24 onces.)	72 décagr. (24 onces.)
	Chauffage d'hiver.	Bois à la mesure	....	75e au stère.	150e au stère.
		Bois au poids	....	4 kilogramm. (8 livres.)	2 kilogramm. (4 livres)
		Charbon de terre	....	2 kilogramm. (4 livres.)	1 kilogramm. (2 livres.)
		Tourbes	....	20 tourbes.	10 tourbes.
	Chauffage d'été.	Bois à la mesure	....	150e au stère.	300e au stère.
		Bois au poids	....	2 kilogramm (4 livres.)	1 kilogramm. (2 livres.)
		Charbon de terre	....	1 kilogramm. (2 livres)	5 hectogr. (1 livre.)
		Tourbes	....	10 tourbes.	5 tourbes.

18. *D.* Les moins perçus en vivres et chauffage donnent-ils lieu à un rappel?

R. Non, à aucun. (*Article* 283 *de l'ordonnance du* 19 *mars* 1823).

19. *D.* Et les trop perçus?

R. Ils sont l'objet d'un décompte en deniers qui est imputé au corps dans le décompte de libération. (*Articles* 589 *et* 593 *de l'ordonnance du* 19 *mars* 1823).

20. *D.* Quelles sont les qualités du pain?

R. Le pain doit avoir huit à neuf pouces de diamètre, sur trois d'épaisseur; il doit être cuit et rassis de la veille, et peser un kilogramme et demi. On ne peut cependant exiger qu'il ait très-exactement ce poids, un grand nombre de causes pouvant y porter des variations; la différence en moins ne peut toutefois être de plus d'une once, et le garde-magasin doit toujours en tenir compte. Le pain, pour être bon, doit être bien cuit et non brûlé; d'une couleur dorée également; la croûte ne doit pas se détacher de la mie; à son ouverture on doit sentir une odeur douce et balsamique; on doit voir la mie parsemée de petits yeux innombrables et serrés; pressée sous le pouce, elle doit se relever.

Il arrive quelquefois qu'en l'ouvrant on le trouve spongieux, et l'on pense qu'il y est entré trop d'eau à la fabrication: c'est une erreur; la pâte ne prend jamais plus d'eau qu'elle ne doit; le défaut de ce pain est de n'être pas assez cuit, soit qu'il ait été saisi d'abord, soit que le four n'ait pas été assez chauffé, soit enfin que le pain n'y soit pas resté assez longtemps; c'est la cuisson, quand elle est bien dirigée, qui donne au pain le degré qui lui convient entre le sec et l'humide.

21. *D.* Quelles sont les qualités des autres denrées relatives au service des vivres?

R. Le *Riz* doit être net, propre et débarrassé de toute matière étrangère, bien vanné et sans odeur.

Les *Légumes secs*, *idem*, et de la dernière récolte.

La *Viande fraîche* se distribue à raison de trois quarts bœuf, un quart vache ou mouton; les têtes et fressures font partie de la distribution, comme les rognons couverts de leur graisse.

Les *Viandes salées*, soit de bœuf, soit de porc, doivent être neuves et faites avec du sel marin; il ne doit y entrer ni têtes, ni fressures, ni os moilliers.

Le *Sel* doit être net et débarrassé de toute matière étrangère.

Le *Vin* doit être naturel, sans mixtion ni mélange, et reconnu susceptible de conservation.

Le *Vinaigre* doit être de vin et naturel, marquer deux dégrés 2/10 au pèse vinaigre de *Vincent*, transparent, et quand il provient d'un rouge moins coloré que ce liquide, son acidité doit être supportable à la bonche; il ne doit avoir ni goût de fumée ni goût âcre et chaud, mais un montant agréable et parfum spiritueux qui se manifeste quand on s'en frotte les mains.

L'*Eau-de-vie* doit être suivant les localités du vin, de marc de raisin ou de genièvre, mais cette dernière n'est admise que par autorisation spéciale du ministre; de quelque nature qu'elle soit, elle doit marquer de 18 à 19 degrés à l'aréomètre de *Cartier*, la température étant à 10 degrés thermomètre de *Réaumur*; si la température est inférieure ou supérieure, on fait les augmentations ou réductions convenables, suivant une table adoptée par les droits-réunis.

22. *D*. Quelles sont les qualités du chauffage?

R. Le *Bois* doit être de chêne, charme, hêtre ou autres essences dures, sec, de qualité bonne, loyale et marchande ; le bois blanc, dans les localités où les habitans en font usage pour leur chauffage habituel, pourra être substitué au bois d'essence dure, d'après les règles ci-après :

1.° Les distributions ne pourront être entièrement composées de bois blanc, qu'autant qu'il aura été reconnu et constaté qu'il est impossible, ou du moins trop onéreux de se procurer des bois d'essences dures.

2.° Dans tout autre cas, le bois blanc ne pourra jamais entrer dans les fournitures pour plus de moitié.

Lorsqu'on délivrera du bois blanc, la ration ou la portion de ration sera augmentée d'un quart, c'est-à-dire, qu'au lieu de quatre rations d'essence dure, il devra être fourni en remplacement cinq rations de bois blanc.

Partout où le bois se délivre au poids, le supplément ne sera pas dû.

Le charbon de terre doit être de bonne qualité et tel qu'on le tire des fosses; quand il sera converti en briquettes, chacune d'elles aura treize centimètres et demi de longueur, sur cinq et demi de largeur et d'épaisseur; elle sera composée d'un huitième de terre grasse et de sept huitièmes de charbon.

Il doit être ajouté aux distributions de charbon de terre, de briquettes, de houille et de tourbes de marais, de petits fagots d'allumage, à raison d'un petit fagot pour vingt rations d'hiver ou d'été indistinctement.

Classification des divisions ou départemens sous le rapport du nombre de mois dont le chauffage d'hiver se compose.

Dans les départemens ou divisions où

l'on compte six mois d'hiver, l'hiver commence le 16 octobre et finit le 15 avril; l'été commence au 16 avril et finit le 15 octobre.

Dans ceux de la 2.e classe, l'hiver commence le 1.er novembre et finit le 31 mars; l'été le 1.er avril et finit le 31 octobre.

Dans ceux de la 3.e classe, l'hiver commence le 16 novembre et finit au 15 mars; l'été le 16 mars au 15 novembre.

Nombre de Mois d'hiver. 6.	Aisne; 2.e, 3.e, 5.e, 6.e divisions; 7.e *idem*, sauf Drôme; 12.e *idem*, sauf Vienne et Deux-Sèvres; 13.e *idem*, 14.e sauf Orne; 15.e, sauf Eure; 16.e

Nota. En Corse, on distribue la même quantité de chauffage en hiver qu'en été.

5. { 1.re division, sauf Aisne; 4.e *idem*, Drôme, Vaucluse, Basses-Alpes; 10.e division, sauf Aude; 11.e *idem*, Vienne, Deux-Sèvres, Orne, Eure; 18.e et 19.e divisions, sauf Cantal; 20.e et 21.e divisions.

4. { 8.e division, sauf Vaucluse et Basses-Alpes; 9.e division, Aude et Cantal.

23. *D*. Des indemnités représentatives peuvent-elles être accordées en remplacement des vivres de campagne, du vinaigre, de l'eau-de-vie ou de vin? (*Article* 202 *de l'ordonnance du* 19 *mars* 1823).

R. Oui. (*Article* 238 *de l'ordonnance du* 19 *mars* 1823). Il en est de même des vivres sur le pied de paix (*Article* 163 *de l'ordonnance du* 19 *mars* 1823); elles se paient comme la solde, aux mêmes époques et suivant les mêmes formes. (*Article* 298 *de l'ordonnance du* 19 *mars* 1823). Mais les enfans de troupe n'ont droit qu'à l'indemnité pour le vinaigre. (*Article* 263 *de l'ordonnance du* 19 *mars* 1823).

Les indemnités de vivres se décomptent à raison du nombre effectif de jour dont se compose chaque mois. (*Article* 304 *de l'ordonnance du* 19 *mars* 1823).

Il n'y a pas lieu au rappel de ces indemnités lorsque le paiement en a été suspendu. (*Article* 414 *de l'ordonnance du* 19 *mars* 1823).

Les indemnités représentatives sont dues aux corps de troupe et aux militaires dans les mêmes positions où ils ont droit aux distributions en nature qu'elles représentent. (*Article* 203 *de l'ordonnance du* 19 *mars* 1823).

Hors le cas de force majeure, aucune indemnité en remplacement de vivres ne doit être allouée sans une décision spéciale du ministre de la guerre. (*Article* 204 *de l'ordonnance du* 19 *mars* 1823).

24. *D*. Comment doit être établi le logement d'une compagnie ?

R. Selon l'ordre de bataille, et le rang des sections, subdivisions et escouades.

25. *D*. Comment doivent loger les tambours ?

R. Le premier dans la première escouade, et le second dans la cinquième, de manière qu'il y en ait un dans chaque section.

26. *D*. Comment logent les caporaux ?

R. Avec les hommes de leur escouade.

27. *D*. Comment doivent loger les sous-officiers ?

R. Le sergent-major et le fourrier logent ensemble dans une chambre particulière, située, autant que possible, au centre de la compagnie. Ces deux sous-officiers peuvent, si les localités le permettent, avoir chacun une chambre.

Les sergens de chaque compagnie logent ensemble dans une chambre séparée, autant que possible.

28. *D.* Que devez-vous faire en prenant le logement d'une compagnie?

R. Un inventaire exact de tout ce que contient chaque chambre, vérifié et arrêté par le capitaine.

29. *D.* Que devez-vous faire en route aussitôt que vous avez reçu les billets de logement?

R. Je dois vérifier et reconnaître le logement des officiers de la compagnie; inscrire au dos de chaque billet le nom des hommes auxquels il est destiné, et en faire la distribution sur un contrôle général établi à cet effet par escouades et par camarades de lit.

30. *D.* Quelle attention devez-vous avoir

relativement au logement du sergent-major?

R. De loger un tambour avec ou le plus près de lui possible.

31. *D.* Quels sont les états que vous devez préparer à l'avance, relativement au logement?

R. Un état général par jour, pour le capitaine et le sergent-major, et un à chaque officier pour leur section seulement; je tiens à cet effet un cahier sur lequel j'inscris, jour par jour, le logement de toute la compagnie.

32. *D.* Que devez-vous remettre, immédiatement après l'établissement de la troupe dans leurs logemens, au corps-de-garde?

R. Une note indiquant le logement du capitaine et celui du sergent-major, ainsi que les billets de logement des hommes en arrière ou aux équipages.

33. *D.* De quoi se composent les lits militaires, et quels sont les dimensions et le poids de chaque objet qui les garnissent?

Lits d'Officiers (modèle actuel).

R. Les lits d'officiers sont à colonnes ou à baldaquin, et ont dix-neuf à vingt décimètres de hauteur.

La couchette est élevée de trois à quatre décimètres, et a dix-neuf décimètres et demi de longueur, sur neuf décimètres trois quarts de largeur de dedans en dedans.

Le ciel et le dossier sont de planches de sapin, encadrés et garnis d'une housse de serge verte, siamoise, toile peinte, ou autre étoffe équivalente; le tout établi avec des tringles à anneaux de fer, et bordé d'un galon de fleuret de couleurs assorties.

Le lit est garni d'une paillasse de toile lessivée, de dix-neuf à vingt décimètres de longueur, sur neuf décimètres trois quarts de largeur, et contenant dix-sept kilogrammes de paille.

De deux matelas couverts de bon rayé, ou de toile de Rouen, bleue ou verte; chaque matelas devant contenir onze kilogrammes de laine de bonne qualité, et de celle qu'on appelle *grosse laine*, et deux kilogrammes de crin placés en une seule couche au centre du matelas, le tout bien préparé; ces matelas doivent avoir les mêmes longueur et largeur que la paillasse.

D'un traversin de coutil ayant un mètre de longueur sur huit décimètres de tour, et garni d'un kilogramme un tiers de laine de la meilleure qualité, et de deux tiers de kilogrammes de crin placés au centre du traversin.

De deux couvertures de laine blanche, fine, ayant de vingt-trois à vingt-quatre décimètres de longueur, sur une largeur de dix-sept à dix-huit décimètres. (La seconde couverture ne sert que pendant sept mois; elle est délivrée au premier octobre et retirée au premier mai).

De deux paires de draps de toile blanche, de vingt-huit à vingt-neuf décimètres de longueur, et dix-sept à dix-huit décimètres de largeur.

Lits de Soldats (modèle actuel).

Chaque lit de soldat est composé: d'une couchette de bois de chêne, orme, noyer ou sapin, élevée de terre de trois à quatre décimètres, longue de dix-neuf décimètres de dedans en dedans, sur onze de largeur (dans les 8.e, 9.e, 10.e, 17.e et 19.e divisions, on tolère les tréteaux).

D'une paillasse de toile écrue, ayant les mêmes dimensions que la couchette, et garnie de dix-huit kilogrammes de paille de seigle ou de froment.

D'un matelas de pareilles dimensions, couvert d'une toile lessivée, et garni de onze kilogrammes de laine bien apprêtée au moyen du battage sur la claie, et deux kilogrammes de crin placé en une seule couche au centre du matelas.

D'un traversin de onze décimètres de longueur et de huit décimètres de tour, garni d'un kilogramme un tiers de laine, et de deux tiers de kilogrammes de crin placé au centre du traversin.

De deux paires de draps de toile de ménage, convenablement assouplie par les lessives, ayant vingt-huit décimétres de longueur, sur une largeur de dix-huit à dix-neuf décimètres.

D'une couverture de laine, pesant neuve, de quatre à cinq kilogrammes, et ayant vingt-huit décimètres de longueur sur vingt-deux de largeur.

Demi-Fournitures.

La demi-fourniture est composée d'une couchette, d'une couverture, de trois draps, d'une paillasse et d'un sac à paille, le tout aux mêmes poids et dimensions que pour les lits de soldats.

Lits d'Officiers (nouveau modèle).

1.° Un fonds sanglé; 2.° une paire de rideaux en cotonnade à carreaux rouges et blancs, ayant deux mètres neuf cent quatre-vingt-quatre millimètres (neuf pieds) de hauteur, sur deux cent soixante-quatorze millimètres (sept pieds) de largeur; lesquels seront assujettis au plafond par des anneaux en bois bronzé, ou par des flèches, selon la hauteur des chambres; 3.° deux matelas de toile à carreaux bleus et blancs, ayant deux mètres cent onze millimètres (six pieds et demi) de long, sur un mètre cent trente-sept millimètres (trois pieds et demi) de large; chaque matelas contenant neuf kilogrammes sept cent quatre-vingt-dix grammes (vingt livres) de laine-mère, vive, et de plus deux kilogrammes neuf cent trente-sept grammes (six livres) de crin, placés en une seule couche au centre; 4.° un traversin de coutil ayant neuf cent quarante-huit millimètres (deux pieds onze pouces) de longueur sur huit cent douze millimètres (deux pieds et demi) de tour, et garni d'un kilogramme quatre cent soixante-neuf grammes (trois livres) de plume d'oie.

Deux couvertures de laine blanche, fine, ayant aux deux extrémités deux larges barres bleues, pesant deux kilogrammes neuf cent trente-sept grammes (six livres) chacune, et ayant deux mètres cinq cent quatre-vingt-dix-neuf millimètres (huit pieds) de long, sur un mètre neuf cent quarante-neuf millimètres (six pieds) de large.

Deux paires de draps en toile blanche dite de sept-huit, dans le commerce, ayant une mesure de treize mètres sept centimètres (onze aunes), ce qui donne une longueur de six mètres quatre centimètres (cinq aunes et demie) par drap.

Lits de Soldats, à une place, non compris la couchette en fer.

Un fond sanglé conforme au modèle approuvé par le ministre.

Un matelas d'un mètre neuf cent quarante-neuf millimètres (six pieds) de long, sur six cent soixante-seize millimètres (deux pieds un pouce) de largeur, couvert d'une toile lessivée et garnie de huit kilogrammes de laine bien apprêtée, et de deux kilogrammes de crin, placés en une seule couche au centre du matelas.

Un traversin de six cent soixante-seize

millimètres (deux peids un pouce) de longueur, et de huit décimètres de tour, garni d'un kilogramme de laine et deux tiers de kilogramme de crin, placés entièrement au centre du traversin.

Deux paires de draps de toile demi-blanche, ayant de longueur de vingt-huit décimètres sur une largeur de douze à treize décimètres (quarante-huit pouces).

Une couverture de laine pesant, neuve, de trois à quatre kilogrammes, et ayant vingt-huit décimètres de longueur sur treize à quatorze décimètres (cinquante-deux pouces) de largeur.

Observations générales.

Pour les effets en service, on tolère les déficits suivans :

1.° Dans le poids du matelas, un kilogramme (si le déficit excède un kilogramme), le matelas est à réparer ; s'il excède de deux kilogrammes, le matelas est hors de service.

2.° Dans le poids de la couverture, un kilogramme ;

3.° Dans chacune des dimensions de la couverture, deux décimètres ;

4.° Dans chacune des dimensions du drap, un décimètre.

Le transport des fournitures sera opéré par l'entrepreneur, et les frais en seront à sa charge dans les cas suivans :

1.° Si le pavillon, la caserne ou le corps-de-garde sont à la distance de plus de deux kilomètres du magasin.

2.° Si le pavillon, la caserne ou le corps-de-garde sont séparés du magasin par un bras de mer, ou par une rivière sur laquelle il n'y aurait pas de pont.

3.° Dans la place de Paris, à l'arrivée ou au départ de chaque corps ou détachement, dans le transport à faire du magasin à la caserne, ou au corps-de-garde, et de ces bâtimens au magasin.

4.° Lorsqu'un corps entier ne recevra son ordre de marche que la veille du jour fixé pour son départ.

34. *D.* Comment s'opère le renouvellement de la paille?

R. Il s'opère en entier tous les six mois, pour les lits d'officiers comme pour ceux de soldats, et tous les quatre mois pour les demi-fournitures.

35. *D.* A quelle époque a lieu le changement des draps?

R. Tous les quinze jours pour les lits d'officiers, à compter du premier mai au trente septembre, et tous les vingt jours, à compter du premier octobre jusqu'au trente avril.

Le changement des deux serviettes qui font partie de la fourniture des lits d'officiers, a lieu toutes les semaines.

Le changement des draps a lieu pour les lits de soldats, tous les vingt jours, à compter du premier mai jusqu'au trente septembre, et tous les mois, à compter du premier octobre jusqu'au trente avril.

FIN DE LA TROISIÈME PARTIE.

NOUVEAU MODE
DE CHAUFFAGE
POUR LES TROUPES,

EXPLIQUÉ AUX SERGENS-MAJORS ET FOURRIERS.

D'APRÈS la construction, dans les casernes, des fourneaux économiques, les troupes sont soumises, pour le service du chauffage, à deux systêmes différens, l'un, *d'allocations collectives*; l'autre, *d'allocations individuelles*.

Du Systême d'allocations collectives.

Les allocations collectives sont pour les corps mis en possession de fourneaux économiques, lesquels sont de deux espèces dans les places où l'on consomme du bois ; savoir : le fourneau à marmites accouplées, et le nouveau fourneau à une marmite.

Ces allocations comprennent :

1.° L'allocation destinée à la cuisson des alimens des sous-officiers ;

2.° Celle destinée à la cuisson des alimens des caporaux et soldats ;

3.° Et celle fixée par le chauffage des chambres.

La première, destinée à la cuisson des alimens des sous-officiers, se perçoit à l'effectif présent, mais au complet d'organisation, en précomptant cependant les sous-officiers qui, d'après leur position, auraient droit à des rations individuelles.

Cette disposition a pour objet de laisser aux sous-officiers la latitude nécessaire pour former leurs tables.

Cette allocation se compose d'une ration individuelle, équivalent à la double ration d'été que les sous-officiers recevraient sous l'empire des anciens réglemens, et demeure, par conséquent, fixée comme il suit ;

SAVOIR :

En bois à la mesure, à 1/150e de stère par jour et par homme ;

En bois au poids, à 2 kilogrammes ;

En charbon de terre, à 1 kilogramme, avec un fagot d'allumage pour 20 rations.

Le produit des rations attribuées aux sous-officiers, n'appartient pas séparément aux individus ni à leur compagnie, mais au corps ou à la portion de corps en totalité ; les chefs de corps ou de détachement en règlent la répartition d'après le nombre et la force des tables.

La seconde, destinée à la cuisson des alimens des caporaux et soldats, est désignée sous le nom de ration d'ordinaire, et est fixée par marmite dans les proportions suivantes ;

SAVOIR:

En bois à la mesure, à 7/60e de stère par jour;

En bois au poids, à 29 kilogrammes;

En charbon de terre, à 15 kilogrammes avec un fagot d'allumage.

On compte une marmite par compagnie d'infanterie.

S'il arrivait que l'effectif d'une compagnie excédât momentanément le nombre d'hommes qui est en rapport avec la capacité de la marmite, cet excédant devrait être versé, pour l'ordinaire, à une compagnie plus faible.

Comme les corps qui font partie de la garnison de Paris se trouvent, à cause de la nature de leur service, dans une position particulière, on alloue à chacun des régimens de la ligne formant la garnison de Paris, deux marmites de plus par bataillon, et les distributions de chauffage leur sont faites sur ce pied, lors même qu'ils n'auraient pas été mis en possession effective du nombre de marmites qui leur est attribué.

Les chefs de corps prélèvent, sur la distribution générale des ordinaires, une certaine quantité de combustibles pour les besoins de l'infirmerie régimentaire et des hommes mariés les plus nécessiteux.

Ils doivent avoir soin toutefois de laisser toujours disponible par jour pour l'entretien de chaque marmite,

En bois à la mesure, un dixième de stère;

En bois au poids, 27 kilogrammes;

En charbon de terre, de 13 à 14 kilog.

La troisième, pour le chauffage des chambres, est fixée par compagnie comprenant les sous-officiers, caporaux et soldats dans les proportions ci-après; savoir:

En bois à la mesure, à raison d'un dixième de stère par compagnie et par jour.

En bois au poids, à raison de 30 kilogrammes.

En charbon de terre, à raison de 21 kilog., avec trois fagots d'allumage.

Cette allocation est augmentée d'un cinquième en sus pour les régimens de la ligne qui forment la garnison de Paris.

Le chauffage des chambres commence et finit aux époques où commencent et finissent les distributions de chauffage de plein hiver pour les corps-de-garde.

Ainsi, dans les départemens où il était précédemment compté six mois d'hiver, il n'en est plus compté que cinq pour le chauffage des chambres; ils commencent au 1.er novembre pour finir au 31 mars inclusivement.

Dans les départemens où il était compté cinq mois d'hiver, le chauffage des chambres commence au 16 novembre, et finit au 15 mars inclusivement.

Dans ceux où l'on comptait quatre mois, le chauffage des chambres commence au premier décembre, et finit au dernier jour de février inclusivement.

Dans la 17.e division (Corse), il n'est point alloué de chauffage des chambres; les commandans de divisions territoriales peuvent prolonger la durée de la distribution dans les localités où les circonstances rendraient cette mesure nécessaire.

Les besoins de chaque compagnie varient selon le nombre et les dimensions des chambres occupées, la masse des distributions appartient au corps entier ou au détachement; les chefs de corps ou commandans de détachemens en règlent la répartition intérieure, d'après les besoins résultant de l'assiette du casernement de chaque compagnie.

Du Système d'allocations individuelles.

Les allocations individuelles sont pour les troupes casernées ne faisant pas usage de fourneaux, celles en station chez l'habitant, celles en campagne, campées ou baraquées, pour les sous-officiers et caporaux employés aux dépôts de recrutement, et pour les détachemens trop peu nombreux pour former des ordinaires proportionnés à la capacité des marmites.

(Voir le Tableau d'autre part).

Ces allocations sont fixées de la manière suivante :

	BOIS			Charbon de terre.		OBSERVATIONS.
	Au Stère.	Au Poids.				
		k.	h.	k.	h.	
TROUPES CASERNÉES.						
Ration d'été par homme et par jour......	1/300	1	»	»	5	Suivant les anciens tarifs.
Ration d'hiver *idem*...............	1/150	2	»	1	»	
TROUPES EN STATION CHEZ L'HABITANT.						
Ration d'été et d'hiver indistinctement par homme et par jour..................	1/250	1	2	»	6	Les sous-officiers ont droit à la double ration.
TROUPES EN CAMPAGNE, *Campées ou baraquées.*						
Ration d'été par homme et par jour.....	1/250	1		»	6	Suivant les anciens tarifs.
Ration d'hiver *idem*...............	1/125	2	4	1	2	

TARIF N.° I.

DES DIVERSES ALLOCATIONS DE CHAUFFAGE.

Ration de sous-officiers	à	1/150	ou	50/7500
— *Id.* de l'ordinaire.	à	7/60	ou	875/7500
— *Id.* de chauffage des chambres......	à	1/10	ou	750/7500
— *Id.* de soldats (été).	à	1/300	ou	25/7500
— *Id.* — *id.* (hiver)..	à	1/150	ou	50/7500
— *Id.* de soldats logés chez l'habitant (hiver et été indistinctement)............	à	1/250	ou	30/7500
— *Id.* de soldats en campagne (été)....	à	1/250	ou	30/7500
— *Id.* — *id.* (hiver).	à	1/125	ou	60/7500

TARIF N.° II.

DES DIVERSES ALLOCATIONS DE CHAUFFAGE.

			St.	C.
Ration de sous-officiers	à 1/150	ou	0,	0066
— *Id.* de l'ordinaire.	à 7/60	ou	0,	1166
— *Id.* de chauffage des chambres......	à 1/10	ou	0,	1000
— *Id.* de soldats (été).	à 1/300	ou	0,	0033
— *Id.* — *Id.* (hiver).	à 1/150	ou	0,	0066
— *Id.* de soldats logés chez l'habitant (été et hiver indistinctement)............	à 1/250	ou	0,	0040
— *Id.* de soldats en campagne (été)....	à 1/250	ou	0,	0040
— *Id.* — *Id.* (hiver).	à 1/125	ou	0,	0080

TARIF de la portion de la haute-paie acquittable avec la solde.

	INFANTERIE DE LIGNE.	AUTRES ARMES.
Haute-paie chevron (pour les sous-officiers et soldats ayant de huit à douze ans de service).	8 c. par jour.	12 c. par jour.
Haute-paie de deux chevrons (de douze à seize ans.).......	10 *id.*	15 *id.*
Haute-paie de trois chevrons (de seize ans et au-dessus)..	10 *id.*	15 *id.*

(Voir d'autre part le Tarif des supplémens de la solde de route).

TARIF des supplémens de la solde de route, pour les distances d'étapes parcourues en un jour en sus de la première, et pour indemnité représentative du cheval de selle. N.° 5.

DÉSIGNATION DES GRADES.	SUPPLÉMENT A LA SOLDE DE ROUTE, Pour les distances d'étapes parcourues en un jour en sus de la première, par distance. GARDE ROYALE. Corps autres que l'artillerie.	Corps d'artillerie.	Troupes de Ligne.	Pour indemnité représentative du cheval de selle par jour de marche.	*Observ.*
OFFICIERS DE TOUTES ARMES.					
Capitaine.	1 20 »	1 20 »	1 20 »	» » »	
Lieutenans et Sous-Lieutenans.	1 » »	1 » »	1 » »	» » »	
SOUS-OFFICIERS ET SOLDATS.					
Sergent-Major.	» 25 »	» 37 5	» 16 »	» » »	
Sergent et Fourrier.	» 25 »	» 32 5	» 14 »	» » »	
Caporal.	» 20 »	» 30 »	» 10 »	» » »	
Soldat, Tambour et Enfant de troupe.	» 15 »	» 20 »	» 10 »	» » »	
Capitaine, Lieutenant et S.-Lieutenant de troupes à pied, ayant plus de 50 ans d'âge.	» » »	» » »	» » »	4 50 »	

MARQUES DISTINCTIVES DES GRADES.

Sergens-Majors.	Ils portent sur le côté extérieur de l'avant-bras deux galons d'or ou d'argent de 22 millimètres (10 lignes) de large, placés obliquement d'une couture de la manche à l'autre, de manière que le bout du premier qui touche à la couture intérieure soit de 19 millimètres (9 lignes) plus haut que le parement, et que le bout qui joint la couture extérieure soit de 10 centimètres (3 pouces et demi) plus haut que le bout supérieur dudit parement; le second galon est placé parallèlement au premier, à 13 millimètres (6 lignes) au-dessus.
Sergens.	Ils portent un pareil galon placé comme le galon d'en bas des Sergens-Majors.
Fourriers.	Ils portent les mêmes galons que le caporal, quand ils ne sont pas Sergens-Fourriers, et le même galon que le Sergent lorsqu'ils le sont; ils portent de plus un galon d'or ou d'argent cousu en travers sur le dehors de la manche, au-dessus du pli du bras.
Caporaux.	Ils portent des galons de laine placés comme ceux des Sergens-Majors.

CONVOIS MILITAIRES

A LA SUITE DES CORPS LORSQU'ILS SONT EN MARCHE.

Un Régiment à trois bataillons a droit à six voitures à quatre colliers ; celui à deux bataillons, à quatre voitures à quatre colliers.

Pour qu'un Détachement ait droit aux convois militaires, il faut qu'il soit au moins de 25 hommes, et les convois sont fournis dans les proportions suivantes :

De 25 à 75 hommes, 1 voiture à 1 collier.
De 75 à 150 *id.*, 1 *id.* à 2 *id.*
De 150 à 300 *id.*, 1 *id.* à 3 *id.*
De 300 à 500 *id.*, 1 *id.* à 4 *id.*

Haute-paie journalière, ou portion de la haute-paie acquittable à l'avance.

Nombre de journées.	CHEVRONS. 1.	CHEVRONS. 2 ou 3.	Nombre de journées.	CHEVRONS. 1.	CHEVRONS. 2 ou 3.
1	0,08	0,10	21	1,68	2,10
2	0,16	0,20	22	1,76	2,20
3	0,24	0,30	23	1,84	2,30
4	0,32	0,40	24	1,92	2,40
5	0,40	0,50	25	2,00	2,50
6	0,48	0,60	26	2,08	2,60
7	0,56	0,70	27	2,16	2,70
8	0,64	0,80	28	2,24	2,80
9	0,72	0,90	29	2,32	2,90
10	0,80	1,00	30	2,40	3,00
11	0,88	1,10	31	2,48	3,10
12	0,96	1,20	90	7,20	9,00
13	1,04	1,30	91	7,28	9,10
14	1,12	1,40	92	7,36	9,20
15	1,20	1,50	GARDE ROYALE		
16	1,28	1,60	ET ARMES SPÉCIALES.		
17	1,36	1,70			
18	1,44	1,80	Par jour.	0,12	0,15
19	1,52	1,90			
20	1,60	2,00			

TARIF du prix moyen des fournitures de casernement, pour servir au paiement des pertes.

DÉSIGNATION DES EFFETS.	PRIX.
FOURNITURE D'OFFICIER (ancien modèle).	
Colonne ou montant	1,50
Panneau..........................	1,00
Traverse	1,00
Pan	2,00
Barre du milieu	1,00
Goberge..........................	0,30
Clef.............................	0,20
Rideaux (la paire)...............	26,00
Paillasse	5,50
Toile d'un matelas...............	7,00
Kilogramme de laine..............	3,00
Kilogramme de crin...............	3,50

DÉSIGNATION DES EFFETS.	PRIX.
Coutil de traversin	3,00
Couverture	24,00
Un drap	10,00
Armoire ou commode	20,00
Table	4,00
Chaise	2,00
Fauteuil	2,50
Pot à eau	0,60
Cuvette	0,60
Pot de nuit	0,50
Gobelet	0,30
Chenets ou motrets (la paire)	3,00
Pelle à feu ou pincette (chacune)	1,50
Soufflet	1,50
Chandelier	1,00
Mouchettes	0,60
Miroir	2,00

DÉSIGNATION DES EFFETS.	PRIX.
Porte-manteau..................	0,50
Une serviette..................	1,50
LIT DE SOLDAT ET DEMI-FOURNITURE (ancien modèle).	
Colonne	1,00
Traverse....................	1,00
Pan....................	1,50
Barre du milieu..............	0,50
Goberge de 4 pouces de largeur et au-dessus..................	0,30
Goberge au-dessous de 4 pouces..	0,15
Clef....................	0,10
Toile à paillasse..............	5,00
Toile à matelas..............	6,00
Kilogramme de laine............	2,50
Kilogramme de crin...........	3,50
Toile à traversin..............	2,00

DÉSIGNATION DES EFFETS.	PRIX.
Sac à paille	1,00
Drap	8,00
Couverture	24,00
FOURNITURE D'OFFICIER (Lit de fer, nouveau modèle).	
Rideaux (la paire)	32,0
Anneau ou flèche en bois bronzé	3,40
Sommier confectionné	7,10
Toile de sommier	6,80
Toile d'un matelas	8,60
Kilogramme de laine	3,70
Kilogramme de crin	4,30
Coutil du traversin	3,70
Kilogramme de plume d'oie	5,10
Couverture	29,50
Un drap	12,30
Armoire ou commode	24,60

DÉSIGNATION DES EFFETS.	PRIX.
Table	4,90
Chaise	2,45
Fauteuil	3,10
Pot à eau	0,70
Cuvette	0,70
Pot de chambre en faïence	0,60
Gobelet	0,35
Chenets ou motrets (la paire)	3,70
Pelle à feu ou pincette (chacune)	1,85
Soufflet	1,85
Chandelier	1,20
Mouchettes	0,70
Miroir	2,45
Porte-manteau	0,60
Une serviette	1,85

DÉSIGNATION DES EFFETS.	PRIX.
LIT DE SOLDAT (en fer et demi-fourniture, nouveau modèle).	
Sommier confectionné............	5,10
Toile à paillasse.................	3,10
Toile à matelas.................	3,70
Kilogramme de laine..........	2,50
Kilogramme de crin	3,50
Toile à traversin...............	1,10
Sac à paille ou traversin de demi-fourniture.......................	0,55
Un drap........................	5,50
Couverture.....................	20,00
Couvre-pied....................	3,00
Capote de sentinelle	18,00
MOBILIER DU CORPS-DE-GARDE D'OFFICIER.	
Un fauteuil à bascule............	60,00
Sa couverture à renouveler	12,00

DÉSIGNATION DES EFFETS.	PRIX.
Une chaise garnie en paille......	2,00
Un poêle....................	15,00
Un tisonnier, une pelle ou pincette.	1,00
Chaque bout de tuyau..........	1,00
Un chandelier en fer...........	0,60
Une paire de mouchettes.........	0,60
Un encrier en plomb...........	0,60
Pot à eau ou sa cuvette.........	0,60
Un verre....................	0,15
MOBILIER DU CORPS-DE-GARDE DE SOLDAT.	
Un poêle....................	15,00
Chaque bout de tuyau...........	1,00
Un chandelier en fer...........	0,60
Une paire de mouchettes.........	0,60
Un falot de ronde.............	6,00
Un bidon....................	4,00

DÉSIGNATION DES EFFETS.	PRIX.
Une brouette...................	8,00
Un brancard....................	3,00
Une boîte de ronde.............	2,00
Chaque marron de ronde.........	0,05
Un chevalet....................	2,00
Une hache......................	3,00
Son manche.....................	0,50
Une scie.......................	4,00
Une pelle ronde en fer.........	2,00
Son manche.....................	0,25
Un arrosoir....................	1,00

Nota. Lorsqu'il est survenu du fait de la troupe des dégradations dans les fournitures, l'évaluation en est faite de gré à gré entre l'officier chargé du casernement et le préposé de l'entrepreneur, ou par trois experts nommés, les deux premiers par les parties, et le troisième par le maire de la commune, sur l'invitation du sous-intendant militaire; les frais de l'expertise doivent être supportés par celle des deux parties dont la prétention aura été jugée mal fondée....

(*Extrait du Traité de la compagnie Vallée*, du 5 mars 1822, et de la transaction du 12 mai 1826).

FIN.

TABLE DES MATIÈRES.

Nota. Le chiffre romain indique la Partie, et le chiffre arabe indique la Question.

DE LA SOLDE.

Solde en station sur le pied de paix.

De la Solde en route.

De la Solde sur le pied de guerre.

De la Solde de congé.

De la Solde d'hôpital.

De la Solde de l'hôpital en congé.

De la Solde des militaires en détention ou en jugement.

De la Solde de captivité.

Position entraînant la privation de la Solde.

DES ACCESSOIRES DE SOLDE.

Des Hautes-Paies.

Du Supplément à la Solde de route.

Du Supplément de Solde pour résidence dans Paris.

De la Première Mise d'Équipement aux sous-officiers promus officiers.

DU PAIN.

DES VIVRES DE CAMPAGNE.

DES LIQUIDES.

DU CHAUFFAGE.

Disposition commune aux Fournitures des vivres et chauffage.

REVUES DES SOUS-INTENDANS.

DES FEUILLES DE JOURNÉES.

DES REGISTRES DE COMPTABILITÉ.

DES SITUATIONS DE L'EFFECTIF.

DE LA DISTRIBUTION DE LA SOLDE A LA TROUPE.

DE LA MASSE DE LINGE ET CHAUSSURE.

SERGENT-MAJOR.

FOURRIER.

FIN DE LA TABLE.

TABLE COMPARATIVE SIGNALÉTIQUE.

DÉNOMINATION DES MESURES.					DÉNOMINATION DES MESURES.					DÉNOMINATION DES MESURES.				
ANCIENNES.			NOUVELLES.		ANCIENNES.			NOUVELLES.		ANCIENNES.			NOUVELLES.	
Pieds.	Pouces.	Lignes.	Mètres.	Millimèt.	Pieds.	Pouces.	Lignes.	Mètres.	Millimèt.	Pieds.	Pouces.	Lignes.	Mètres.	Millimèt.
4	8	»	1	516	5	»	2	1	629	5	4	4	1	741
4	8	1	1	518	5	»	3	1	631	5	4	5	1	743
4	8	2	1	521	5	»	4	1	633	5	4	6	1	746
4	8	3	1	523	5	»	5	1	635	5	4	7	1	748
4	8	4	1	525	5	»	6	1	638	5	4	8	1	750
4	8	5	1	527	5	»	7	1	640	5	4	9	1	752
4	8	6	1	530	5	»	8	1	642	5	4	10	1	755
4	8	7	1	532	5	»	9	1	644	5	4	11	1	757
4	8	8	1	534	5	»	10	1	647	5	5	»	1	759
4	8	9	1	536	5	»	11	1	649	5	5	1	1	761
4	8	10	1	539	5	1	»	1	651	5	5	2	1	764
4	8	11	1	541	5	1	1	1	653	5	5	3	1	766
4	9	»	1	543	5	1	2	1	656	5	5	4	1	768
4	9	1	1	545	5	1	3	1	658	5	5	5	1	770
4	9	2	1	548	5	1	4	1	660	5	5	6	1	773
4	9	3	1	550	5	1	5	1	662	5	5	7	1	775
4	9	4	1	552	5	1	6	1	665	5	5	8	1	777
4	9	5	1	554	5	1	7	1	667	5	5	9	1	779
4	9	6	1	557	5	1	8	1	669	5	5	10	1	782
4	9	7	1	559	5	1	9	1	671	5	5	11	1	784
4	9	8	1	561	5	1	10	1	674	5	6	»	1	786
4	9	9	1	563	5	1	11	1	676	5	6	1	1	788
4	9	10	1	566	5	2	»	1	678	5	6	2	1	791
4	9	11	1	568	5	2	1	1	680	5	6	3	1	793
4	10	»	1	570	5	2	2	1	683	5	6	4	1	795
4	10	1	1	572	5	2	3	1	685	5	6	5	1	797
4	10	2	1	575	5	2	4	1	687	5	6	6	1	800
4	10	3	1	577	5	2	5	1	689	5	6	7	1	802
4	10	4	1	579	5	2	6	1	692	5	6	8	1	804
4	10	5	1	581	5	2	7	1	694	5	6	9	1	806
4	10	6	1	584	5	2	8	1	696	5	6	10	1	809
4	10	7	1	586	5	2	9	1	698	5	6	11	1	811
4	10	8	1	588	5	2	10	1	701	5	7	»	1	813
4	10	9	1	590	5	2	11	1	703	5	7	1	1	815
4	10	10	1	593	5	3	»	1	705	5	7	2	1	818
4	10	11	1	595	5	3	1	1	707	5	7	3	1	820
4	11	»	1	597	5	3	2	1	710	5	7	4	1	822
4	11	1	1	599	5	3	3	1	712	5	7	5	1	824
4	11	2	1	602	5	3	4	1	714	5	7	6	1	827
4	11	3	1	604	5	3	5	1	716	5	7	7	1	829
4	11	4	1	606	5	3	6	1	719	5	7	8	1	831
4	11	5	1	608	5	3	7	1	721	5	7	9	1	833
4	11	6	1	611	5	3	8	1	723	5	7	10	1	836
4	11	7	1	613	5	3	9	1	725	5	7	11	1	838
4	11	8	1	615	5	3	10	1	728	5	8	»	1	841
4	11	9	1	617	5	3	11	1	730	5	8	1	1	843
4	11	10	1	620	5	4	»	1	732	5	8	2	1	846
4	11	11	1	622	5	4	1	1	734	5	8	3	1	848
5	»	»	1	624	5	4	2	1	737	5	8	4	1	850
5	»	1	1	626	5	4	3	1	739	5	8	5	1	852

TARIF DE SOLDE DES OFFICIERS.

GRADES.	SOLDE DE PRÉSENCE. En station et en campagne.	SOLDE DE PRÉSENCE. En route.	SOLDE D'ABSENCE. En congé ou en semestre.	SOLDE D'ABSENCE. A l'hôpital.	SOLDE D'ABSENCE. A l'hôpital étant en semestre ou en congé avec solde.	Supplément dans Paris.	En captivité.	INDEMNITÉ de logement.	INDEMNITÉ d'ameublement.	Observations.
ARTILLERIE À PIED.	f. c. m.	f. c. m.	f. c. m.	f. c. m.	f. c. m.	f. c. m.	f. c. m.	f. c.	f. c.	La solde des offi[ciers] est passibl[e] d'une retenue de [illegible] pour cent au profi[t] des Invalides. Mais elle ne l'es[t] pas de la retenu[e d']hôpital pour l[e] 31.e jour du mois excepté lorsque l'o[ffi]cier est en cong[é] sans solde. Pour cette raison on doit payer tou[s] les mois de 30 jours quand bien même ils n'auraient que 28 ou 29, comme le mois de février.
Capitaine, en premier.	6 94 4	9 94 4	3 47 2	4 94 4	1 47 2	1 73 6	3 47 2	0 60	0 30	
Capitaine, en second.	5 55 5	8 55 5	2 77 7	3 55 5	0 77 7	1 38 8	2 77 7	0 60	0 30	
Lieutenant, en premier.	4 72 2	7 22 2	2 36 1	3 22 2	0 86 1	1 57 4	2 36 1	0 40	0 [illegible]	
Lieutenant, en second.	4 16 6	6 66 6	2 08 3	2 66 6	0 58 3	1 38 8	2 08 3	0 40	0 [illegible]	
RÉGIMENT DU GÉNIE. *Mineurs et Sapeurs.*										
Capitaine, en premier.	6 94 4	9 94 4	3 47 2	4 94 4	1 47 2	1 73 6	3 47 2	0 60	0 30	
Capitaine, en second.	5 55 5	8 55 5	2 77 7	3 55 5	0 77 7	1 38 8	2 77 7	0 60	0 3[illegible]	
Lieutenant, en premier.	4 72 2	7 22 2	2 36 1	3 22 2	0 86 1	1 57 4	2 36 1	0 40	0 20	
Lieutenant, en second.	4 16 6	6 66 6	2 08 3	2 66 6	0 58 3	1 38 8	2 08 3	0 40	0 20	
INFANTERIE.										
Capitaine, de 1.re classe.	6 66 6	9 66 6	3 33 3	4 66 6	1 33 3	1 66 6	2 77 7	0 60	0 30	
Capitaine, de 2.e classe.	5 55 5	8 55 5	2 77 7	3 55 5	0 77 7	1 38 8	2 77 7	0 60	0 30	
Lieutenant, de 1.re classe.	4 02 7	6 52 7	2 01 3	2 [illegible] 7	0 51 3	1 34 2	2 01 3	0 40	0 20	
Lieutenant, de 2.e classe.	3 61 1	6 11 1	1 80 5	2 [illegible] 1	0 30 5	1 20 3	1 80 5	0 40	0 20	
Sous-lieutenant.	3 33 3	5 83 3	1 66 6	2 08 3	0 41 6	1 11 1	1 66 6	0 40	0 20	

TARIF DE LA SOLDE DE LA TROUPE.

GRADES.	SOLDE DE PRÉSENCE. Avec vivres de campagne.	SOLDE DE PRÉSENCE. En station.	SOLDE DE PRÉSENCE. En marche avec le pain seulement.	SOLDE D'ABSENCE. En semestre.	SOLDE D'ABSENCE. A [l'hôpital].	[illegible]	Supplément dans Paris.	Observations.
ARTILLERIE À PIED.	f. c. m.	f. c. m.	f. c. m.	f. c. m.	f. [illegible]	[illegible]	[illegible] c. m.	
Sergent-major.	1 44 »	1 59 »	1 84 »	» 72 »	» [illegible]	[illegible]	[illegible] 6	
Sergent et fourrier.	» 98 »	1 13 »	1 33 »	» 49 »	» [illegible]	[illegible]	[illegible] 2	
Caporal.	» 71 »	» 86 »	» 96 »	» 35 5	» [illegible]	[illegible]	» 25 5	
Artificier.	» 51 »	» 66 »	» 76 »	» 25 5	» [illegible]	[illegible]	» 15 5	
Ouvrier en fer ou en bois.	(*)	. . .	. . .	. . .	.	[illegible]	. . .	
Premier canonnier.	» 46 »	» 61 »	» 71 »	» 23 »	» [illegible]	[illegible]	» 13 »	
Second canonnier.	» 37 »	» 52 »	» 62 »	» 18 5	» [illegible]	[illegible]	» 08 5	
Tambour.	» 46 »	» 61 »	» 71 »	» 18 »	» [illegible]	[illegible]	» 08 »	
Enfant de troupe.	. . .	» 23 5	» 43 5	. . .	» [illegible]	[illegible]	» 09 2	
RÉGIMENT DU GÉNIE. *Compagnies de Mineurs et Sapeurs.*								
Sergent-major.	1 44 »	1 59 »	1 84 »	» 72 »	» [illegible]	[illegible]	» 47 6	
Sergent et fourrier.	» 98 »	1 13 »	1 33 »	» 49 »	» [illegible]	[illegible]	[illegible]	
Caporal.	» 71 »	» 86 »	» 96 »	» 35 5	» [illegible]	» 10	» 25 5	
Artific. ou maîtr.-ouvrier.	» 58 »	» 73 »	» 83 »	» 29 »	» [illegible]	[illegible]	[illegible]	
Sapeur et Mineur, de 1.re classe.	» 53 »	» 68 »	» 78 »	» 26 5	» 10	» 10	[illegible]	
Sapeur et Mineur, de 2.e classe.	» 48 »	» 63 »	» 73 »	» 24 »	» 10	» 10	» 14 »	
Tambour.	» 46 »	» 61 »	» 71 »	» 18 »	» 20	[illegible]	[illegible]	
Enfant de troupe.	. . .	» 29 »	» 49 »	. . .	» 10	[illegible]	» 12 »	
INFANTERIE. *Compagnies d'Élites.*								
Sergent-major.	» 85 »	1 » »	1 25 »	» 42 5	» 10	» 10	[illegible]	
Sergent et fourrier.	» 72 »	» 87 »	1 07 »	» 36 »	» 10	» 10	» 18 »	
Caporal.	» 50 »	» 65 »	» 75 »	» 25 »	» 10	» 10	» 15 »	
Grenadier ou voltigeur.	» 35 »	» 50 »	» 60 »	» 17 5	» 10	» 10	» 07 5	
Tambour ou clairon.	» 45 »	» 60 »	» 70 »	» 17 5	» 20	» 10	» 07 5	
Compagnies de Fusiliers et Chasseurs.								
Sergent-major.	» 80 »	» 95 »	1 20 »	» 40 »	» 10	» 10	[illegible]	
Sergent et fourrier.	» 62 »	» 77 »	» 97 »	» 31 »	» 10	» 10	» 16 8	
Caporal.	» 45 »	» 60 »	» 70 »	» 22 5	» 10	» 10	» 12 5	
Fusilier ou chasseur.	» 30 »	» 45 »	» 55 »	» 15 »	» 10	» 10	» 05 »	
Tambour.	» 40 »	» 55 »	» 65 »	» 15 »	» 20	» 10	» 05 »	
Enfant de troupe.	. . .	» 20 »	» 40 »	. . .	» 10	[illegible]	[illegible]	

(*) Jouit d'une haute-paie de 5 centimes par jour, indépendamment de la solde de [illegible] ou 2.e canonnier.

Tableau pour établir, dans toutes les positions, les États quatridiaires des Compagnies d'élite et du centre, pour les prêts de 3 et 4 jours.

DÉSIGNATION des Grades.	PRÊT DE QUATRE JOURS.						PRÊT DE TROIS JOURS.					
	NOMBRE d'hommes.	NOMBRE de journées.	DÉCOMPTE				NOMBRE d'hommes.	NOMBRE de journées.	DÉCOMPTE			
			en station hors Paris.	en station dans Paris.	en marche avec le pain.	avec les vivres de campagne, ou voyageant isolément.			en station hors Paris.	en station dans Paris.	en marche avec le pain.	avec les vivres de campagne, ou voyageant isolément.
S.-major d'élite	1	4	3,60	4,56	4,60	3,00	1	3	2,70	3,42.0	3,45	2,25
Sergens et Fourrier d'élite.	1	4	3,08	3,83.2	3,88	2,48	1	3	2,31	2,87.4	2,91	1,86
	2	8	6,16	7,66.4	7,76	4,96	2	6	4,62	5,74.8	5,82	3,72
	3	12	9,24	11,49.6	11,64	7,44	3	9	6,93	8,62.2	8,73	5,58
	4	16	12,32	15,32.8	15,52	9,92	4	12	9,24	11,49.6	11,64	7,44
	5	20	15,40	19,16.0	19,40	12,40	5	15	11,55	14,37.0	14,55	9,30
Caporaux d'élite.	1	4	2,20	2,80	2,60	1,60	1	3	1,65	2,10.0	1,95	1,20
	2	8	4,40	5,60	5,20	3,20	2	6	3,30	4,20.0	3,90	2,40
	3	12	6,60	8,40	7,80	4,80	3	9	4,95	6,30.0	5,85	3,60
	4	16	8,80	11,20	10,40	6,40	4	12	6,60	8,40.0	7,80	4,80
	5	20	11,00	14,00	13,00	8,00	5	15	8,25	10,50.0	9,75	6,00
	6	24	13,20	16,80	15,60	9,60	6	18	9,90	12,60.0	11,70	7,20
	7	28	15,40	19,60	18,20	11,20	7	21	11,55	14,70.0	13,65	8,40
	8	32	17,60	22,40	20,80	12,80	8	24	13,20	16,80.0	15,60	9,60
Grenadiers et Voltigeurs.	1	4	1,60	1,90	2,00	1,00	1	3	1,20	1,42.5	1,50	0,75
	2	8	3,20	3,80	4,00	2,00	2	6	2,40	2,85.0	3,00	1,50
	3	12	4,80	5,70	6,00	3,00	3	9	3,60	4,27.5	4,50	2,25
	4	16	6,40	7,60	8,00	4,00	4	12	4,80	5,70.0	6,00	3,00
	5	20	8,00	9,50	10,00	5,00	5	15	6,00	7,12.5	7,50	3,75
	6	24	9,60	11,40	12,00	6,00	6	18	7,20	8,55,0	9,80	4,50
	7	28	11,20	13,30	14,00	7,00	7	21	8,40	9,97.5	10,50	5,25
	8	32	12,80	15,20	16,00	8,00	8	24	9,60	11.40.0	12,00	6,00
	9	36	14,40	17,10	18,00	9,00	9	27	10,80	12,82.5	13,50	6,75
	10	40	16,00	19,00	20,00	10,00	10	30	12,00	14,25.0	15,00	7,50
	11	44	17,60	20,90	22,00	11,00	11	33	13,20	15,67.5	16,50	8,25
	12	48	19,20	22,80	24,00	12,00	12	36	14,40	17,10.0	18,00	9,00
	13	52	20,80	24,70	26,00	13,00	13	39	15,60	18,52.5	19,50	9,75
	14	56	22,40	26,60	28,00	14,00	14	42	16,80	19,95.0	21,00	10,50
	15	60	24,00	28,50	30,00	15,00	15	45	18,00	21,37.5	22,50	11.25
	16	64	25,60	30,40	32,00	16,00	16	48	19,20	22,80.0	24,00	12,00
	17	68	27,20	32,30	34,00	17,00	17	51	20,40	24,22.5	25,50	12,75
	18	72	28,80	34,20	36,00	18,00	18	54	21,60	25,65.0	27,00	13,50
	19	76	30,40	36,10	38,00	19,00	19	57	22,80	27,07.5	28,50	14,25
	20	80	32,00	38,00	40,00	20,00	20	60	24,00	28,50.0	30,00	15,00
	21	84	33,60	39,90	42,00	21,00	21	63	25,20	29,92,5	31,50	15,75
	22	88	35,20	41,80	44,00	22,00	22	66	26,40	31,35.0	33,00	16,50
	23	92	36,80	43,70	46,00	23,00	23	69	27,60	32,77.5	34,50	17,25
	24	96	38,40	45,60	48,00	24,00	24	72	28,80	34,20.0	36,00	18,00
	25	100	40,00	47,50	50,00	25,00	25	75	30,00	35,62.5	37,50	18,75
	26	104	41,60	49,40	52,00	26,00	26	78	31,20	37,05.0	39,00	19,50
	27	108	43,20	51,30	54,00	27,00	27	81	32,40	38,47.5	40,50	20,25
	28	112	44,80	53,20	56,00	28,00	28	84	33,60	39,90.0	42,00	21,00
	29	116	46,40	55,10	58,00	29,00	29	87	34,80	41,32.5	43,50	21,75
	30	120	48,00	57,00	60,00	30,00	30	90	36,00	42,75.0	45,00	22,50
	31	124	49,60	58,90	62,00	31,00	31	93	37,20	44,17.5	46,50	23,25
	32	128	51,20	60,80	64,00	32,00	32	96	38,40	45,60.0	48,00	24,00
	33	132	52,80	62,70	66,00	33,00	33	99	39,60	47,02.5	49,50	24,75
	34	136	54,40	64,60	68,00	34,00	34	102	40,80	48,45.0	51,00	25,50
	35	140	56,00	66,50	70,00	35,00	35	105	42,00	49,87.5	52,50	26,25
	36	144	57,60	68,40	72,00	36,00	36	108	43,20	51,30.0	54,00	27,00
	37	148	59,20	70,30	74,00	37,00	37	111	44,40	52,72.5	55,50	27,75
	38	152	60,80	72,20	76,00	38,00	38	114	45,60	54,15.0	57,00	28,50
	39	156	62,40	74,10	78,00	39,00	39	117	46,80	55 57.5	58,50	29,25
	40	160	64,00	76,00	80,00	40,00	40	120	48,00	57,00.0	60,00	30,00
	41	164	65,60	77,90	82,00	41,00	41	123	49,20	58,42.5	61,50	30,75

DÉSIGNATION des Grades.	PRÊT DE QUATRE JOURS.						PRÊT DE TROIS JOURS.					
	NOMBRE d'hommes.	NOMBRE de journées.	DÉCOMPTE				NOMBRE d'hommes.	NOMBRE de journées.	DÉCOMPTE			
			en station hors Paris.	en station dans Paris.	en marche avec le pain.	avec les vivres de campagne ou voyageant isolément.			en station hors Paris.	en station dans Paris.	en marche avec le pain.	avec les vivres de campagne ou voyageant isolément.
Suite des Grenadiers et Voltigeurs.	42	168	67,20	79,80	84,00	42,00	42	126	50,40	59,85.0	63,00	31,50
	43	172	68,80	81,70	86,00	43,00	43	129	51,60	61,27.5	64,50	32,25
	44	176	70,40	83,60	88,00	44,00	44	132	52,80	62,70.0	66,00	33,00
	45	180	72,00	85,50	90,00	45,00	45	135	54,00	64,12.5	67,50	33,75
	46	184	73,60	87,40	92,00	46,00	46	138	55,20	65,55.0	69,00	34,50
	47	188	75,20	89,30	94,00	47,00	47	141	56,40	66,97.5	70,50	35,25
	48	192	76,80	91,20	96,00	48,00	48	144	67,60	68,40.0	72,00	36,00
	49	196	78,40	93,10	98,00	49,00	49	147	58,80	69,82.5	73,50	36,75
	50	200	80,00	95,00	100,00	50,00	50	150	60,00	71,25.0	75,00	37,50
	51	204	81,60	96,90	102,00	51,00	51	153	61,20	72,67.5	76,50	38,25
	52	208	83,20	98,80	104,00	52,00	52	156	62,40	74,10.0	78,00	39,00
	53	212	84,80	100,70	106,00	53,00	53	159	63,60	75,52.5	79,50	39,75
	54	216	86,40	102,60	108,00	54,00	54	162	64,80	76,95.0	81,00	40,50
	55	220	88,00	104,50	110,00	55,00	55	165	66,00	78,37.5	82,50	41,25
	56	224	89,60	106,40	112,00	56,00	56	168	67,20	79,80.0	84,00	42,00
	57	228	91,20	108,30	114,00	57,00	57	171	68,40	81,22.5	85,50	42,75
	58	232	92,80	110,20	116,00	58,00	58	174	69,60	82,65.0	87,00	43,50
	59	236	94,40	112,10	118,00	59,00	59	177	70,80	84,07.5	88,50	44,25
	60	240	96,00	114,00	120,00	60,00	60	180	72,00	85,50.0	90,00	45,00
	61	244	97,60	115,90	122,00	61,00	61	183	73,20	86,92.5	91,50	45,75
	62	248	99,20	117,80	124,00	62,00	62	186	74,40	88,35.0	93,00	46,50
	63	252	100,80	119,70	126,00	63,00	63	189	75,60	89,77.5	94,50	47,25
	64	256	102,40	121,60	128,00	64,00	64	192	76,80	91,20.0	96,00	48,00
	65	260	104,00	123,50	130,00	65,00	65	195	78,00	92,62.5	97,50	48,75
	66	264	105,60	125,40	132,00	66,00	66	198	79,20	94,05.0	99,00	49,50
	67	268	107,20	127,30	134,00	67,00	67	201	80,40	95,47.5	100,50	50,25
	68	272	108,80	129,20	136,00	68,00	68	204	81,60	96,90.0	102,00	51,00
	69	276	110,40	131,10	138,00	69,00	69	207	82,80	98,32.5	103,50	51,75
	70	280	112,00	133,00	140,00	70,00	70	210	84,00	99,75.0	105,00	52,50
	71	284	113,60	134,90	142,00	71,00	71	213	85,20	101,17.5	106,50	53,25
	72	288	115,20	136,80	144,00	72,00	72	216	86,40	102,60.0	108,00	54,00
	73	292	116,80	138,70	146,00	73,00	73	219	87,60	104,02.5	109,50	54,75
	74	296	118,40	140,60	148,00	74,00	74	222	88,80	105,45.0	111,00	55,50
	75	300	120,00	142,50	150,00	75,00	75	225	90,00	106,87.5	112,50	56,25
	76	304	121,60	144,40	152,00	76,00	76	228	91,20	108,30.0	114,00	57,00
	77	308	123,20	146,30	154,00	77,00	77	231	92,40	109,72.5	115,50	57,75
	78	312	124,80	148,20	156,00	78,00	78	234	93,60	111,15.0	117,00	58,50
	79	316	126,40	150,10	158,00	79,00	79	237	94,80	112,57.5	118,50	59,25
	80	320	128,00	152,00	160,00	80,00	80	240	96,00	114,00.0	120,00	60,00
	81	324	129,60	153,90	162,00	81,00	81	243	97,20	115,42.5	121,50	60,75
	82	328	131,20	155,80	164,00	82,00	82	246	98,40	116,85.0	123,00	61,50
	83	332	132,80	157,70	166,00	83,00	83	249	99,60	118,27.5	124,50	62,25
	84	336	134,40	159,60	168,00	84,00	84	252	100,80	119,70.0	126,00	63,00
	85	340	136,00	161,50	170,00	85,00	85	255	102,00	121,12.5	127,50	63,75
	86	344	137,60	163,40	172,00	86,00	86	258	103,20	122,55.0	129,00	64,50
	87	348	139,20	165,30	174,00	87,00	87	261	104,40	123,97.5	130,50	65,25
	88	352	140,80	167,20	176,00	88,00	88	264	105,60	125,40.0	132,00	66,00
	89	356	142,40	169,10	178,00	89,00	89	267	106,80	126,82.5	133,50	66,75
	90	360	144,00	171,00	180,00	90,00	90	270	108,00	128,25.0	135,00	67,50
Tambours d'élite et Clairons.	1	4	2,60	2,86	2,40	1,40	1	3	1,50	1,72[illegible]	[illegible],80	1,05
	2	8	4,80	4,68	4,80	2,80	2	6	3,00	3,[illegible]	3,66	2,10
S.-maj. du cent.	1	4	3,40	4,28	4,40	2,80	1	3	2,55	3,[illegible]	3,30	2,10
Sergens et Fourrier du centre.	1	4	2,68	3,27.2	3,48	2,08	1	3	2,01	2,[illegible]	2,61	1,56
	2	8	5,36	6,54.4	6,96	4,16	2	6	4,02	4,[illegible]	5,22	3,12
	3	12	8,64	9,81.6	10,44	6,24	3	9	6,03	7,3[illegible]	7,83	4,68
	4	16	10,72	13,08.8	13,92	8,32	4	12	8,04	9,81.0	10,44	6,24
	5	20	13,40	16,36.0	17,40	10,40	5	15	10,05	12,27.0	13,05	7,80

DÉSIGNATION des Grades.	PRÊT DE QUATRE JOURS.						PRÊT DE TROIS JOURS.					
	NOMBRE d'hommes.	NOMBRE de journées.	DÉCOMPTE				NOMBRE d'hommes.	NOMBRE de journées.	DÉCOMPTE			
			en station hors Paris.	en station dans Paris.	en marche avec le pain.	avec les vivres de campagne, ou voyageant isolément.			en station hors Paris.	en station dans Paris.	en marche avec le pain.	avec les vivres de campagne, ou voyageant isolément.
Caporaux du centre.	1	4	2,00	2,50	2,40	1,40	1	3	1,50	1,87.5	1,80	1,05
	2	8	4,00	5,00	4,80	2,80	2	6	3,00	3,75.0	3,60	2,10
	3	12	6,00	7,50	7,20	4,20	3	9	4,50	5,62.5	5,40	3,15
	4	16	8,00	10,00	9,60	5,60	4	12	6,00	7,50.0	7,20	4,20
	5	20	10,00	12,50	12,00	7,00	5	15	7,50	9,37.5	9,00	5,25
	6	24	12,00	15,00	14,40	8,40	6	18	9,00	11,25.0	10,80	6,30
	7	28	14,00	17,50	16,80	9,80	7	21	10,50	13,12.5	12,60	7,35
	8	32	16,00	20,00	19,20	11,20	8	24	12,00	15,00.0	14,40	8,40
Fusiliers ou Chasseurs.	1	4	1,40	1,60	1,80	0,80	1	3	1,05	1,20	1,35	0,60
	2	8	2,80	3,20	3,60	1,60	2	6	2,10	2,40	2,70	1,20
	3	12	4,20	4,80	5,40	2,40	3	9	3,15	3,60	4,05	1,80
	4	16	5,60	6,40	7,20	3,20	4	12	4,20	4,80	5,40	2,40
	5	20	7,00	8,00	9,00	4,00	5	15	5,25	6,00	6,75	3,00
	6	24	8,40	9,60	10,80	4,80	6	18	6,30	7,20	8,10	3,60
	7	28	9,80	11,20	12,60	5,60	7	21	7,35	8,40	9,45	4,20
	8	32	11,20	12,80	14,40	6,40	8	24	8,40	9,60	10,80	4,80
	9	36	12,60	14,40	16,20	7,20	9	27	9,45	10,80	12,15	5,40
	10	40	14,00	16,00	18,00	8,00	10	30	10,50	12,00	13,50	6,00
	11	44	15,40	17,60	19,80	8,80	11	33	11,55	13,20	14,85	6,60
	12	48	16,80	19,20	21,60	9,60	12	36	12,60	14,40	16,20	7,20
	13	52	18,20	20,80	23,40	10,40	13	39	13,65	15,60	17,55	7,80
	14	56	19,60	22,40	25,20	11,20	14	42	14,70	16,80	18,90	8,40
	15	60	21,00	24,00	27,00	12,00	15	45	15,75	18,00	20,25	9,00
	16	64	22,40	25,60	28,80	12,80	16	48	16,80	19,20	21,60	9,60
	17	68	23,80	27,20	30,60	13,60	17	51	17,85	20,40	22,95	10,20
	18	72	25,20	28,80	32,40	14,40	18	54	18,90	21,60	24,30	10,80
	19	76	26,60	30,40	34,20	15,20	19	57	19,95	22,80	25,65	11,40
	20	80	28,00	32,00	36,00	16,00	20	60	21,00	24,00	27,00	12,00
	21	84	29,40	33,60	37,80	16,80	21	63	22,05	25,20	28,35	12,60
	22	88	30,80	35,20	39,60	17,60	22	66	23,10	26,40	29,70	13,20
	23	92	32,20	36,80	41,40	18,40	23	69	24,15	27,60	31,05	13,80
	24	96	33,60	38,40	43,20	19,20	24	72	25,20	28,80	32,40	14,40
	25	100	35,00	40,00	45,00	20,00	25	75	26,25	30,00	33,75	15,00
	26	104	36,40	41,60	46,80	20,80	26	78	27,30	31,20	35,10	15,60
	27	108	37,80	43,20	48,60	21,60	27	81	28,35	32,40	36,45	16,20
	28	112	39,20	44,80	50,40	22,40	28	84	29,40	33,60	37,80	16,80
	29	116	40,60	46,40	52,20	23,20	29	87	30,45	34,80	39,15	17,40
	30	120	42,00	48,00	54,00	24,00	30	90	31,50	36,00	40,50	18,00
	31	124	43,40	49,60	55,80	24,80	31	93	32,55	37,20	41,85	18,60
	32	128	44,80	51,20	57,60	25,60	32	96	33,60	38,40	43,20	19,20
	33	132	46,20	52,80	59,40	26,40	33	99	34,65	39,60	44,55	19,80
	34	136	47,60	54,40	61,20	27,20	34	102	35,70	40,80	45,90	20,40
	35	140	49,00	56,00	63,00	28,00	35	105	36,75	42,00	47,25	21,00
	36	144	50,40	57,60	64,80	28,80	36	108	37,80	43,20	48,60	21,60
	37	148	51,80	59,20	66,60	29,60	37	111	38,85	44,40	49,95	22,20
	38	152	53,20	60,80	68,40	30,40	38	114	39,90	45,60	51,30	22,80
	39	156	54,60	62,40	70,20	31,20	39	117	40,95	46,80	52,65	23,40
	40	160	56,00	64,00	72,00	32,00	40	120	42,00	48,00	54,00	24,00
	41	164	57,40	65,60	73,80	32,80	41	123	43,05	49,20	55,35	24,60
	42	168	58,80	67,20	75,60	33,60	42	126	44,10	50,40	56,70	25,20
	43	172	60,20	68,80	77,40	34,40	43	129	45,15	51,60	58,05	25,80
	44	176	61,60	70,40	79,20	35,20	44	132	46,20	52,80	59,40	26,40
	45	180	63,00	72,00	81,00	36,00	45	135	47,25	54,00	60,75	27,00
	46	184	64,40	73,60	82,80	36,80	46	138	48,30	55,20	62,10	27,60
	47	188	65,80	75,20	84,60	37,60	47	141	49.35	56,40	63,45	28,20
	48	192	67,20	76,80	86,40	38,40	48	144	50,40	57,60	64,80	28,80
	49	196	68,60	78,40	88,20	39,20	49	147	51,45	58,80	66,15	29,40

DÉSIGNATION des Grades.	PRÊT DE QUATRE JOURS.						PRÊT DE TROIS JOURS.					
	NOMBRE d'hommes.	NOMBRE de journées.	DÉCOMPTE en station hors Paris.	en station dans Paris.	en marche avec le pain.	avec les vivres de campagne, ou voyageant isolément.	NOMBRE d'hommes.	NOMBRE de journées.	DÉCOMPTE en station hors Paris.	en station dans Paris.	en marche avec le pain.	avec les vivres de campagne, ou voyageant isolément.
	50	200	70,00	80,00	90,00	40,00	50	150	52,50	60,00	67,50	30,00
	51	204	71,40	81,60	91,80	40,80	51	153	53,55	61,20	68,85	30,60
	52	208	72,80	83,20	93,60	41,60	52	156	54,60	62,40	70,20	31,20
	53	212	74,20	84,80	95,40	42,40	53	159	55,65	63,60	71,55	31,80
	54	216	75,60	86,40	97,20	43,20	54	162	56,70	64,80	72,90	32,40
	55	220	77,00	88,00	99,00	44,00	55	165	57,75	66,00	74,25	33,00
	56	224	78,40	89,60	100,80	44,80	56	168	58,80	67,20	75,60	33,60
	57	228	79,80	91,20	102,60	45,60	57	171	59,85	68,40	76,95	34,20
	58	232	81,20	92,80	104,40	46,40	58	174	60,90	69,60	78,30	34,80
	59	236	82,60	94,40	106,20	47,20	59	177	61,95	70,80	79,65	35,40
	60	240	84,00	96,00	108,00	48,00	60	180	63,00	72,00	81,00	36,00
	61	244	85,40	97,60	109,80	48,80	61	183	64,05	73,20	82,35	36,60
	62	248	86,80	99,20	111,60	49,60	62	186	65,10	74,40	83,70	37,20
	63	252	88,20	100,80	113,40	50,40	63	189	66,15	75,60	85,05	37,80
	64	256	89,60	102,40	115,20	51,20	64	192	67,20	76,80	86,40	38,40
	65	260	91,00	104,00	117,00	52,00	65	195	68,25	78,00	87,75	39,00
	66	264	92,40	105,60	118,80	52,80	66	198	69,30	79,20	89,10	39,60
	67	268	93,80	107,20	120,60	53,60	67	201	70,35	80,40	90,45	40,20
	68	272	95,20	108,80	122,40	54,40	68	204	71,40	81,60	91,80	40,80
Suite des Fusiliers ou Chasseurs.	69	276	96,60	110,40	124,20	55,20	69	207	72,45	82,80	93,15	41,40
	70	280	98,00	112,00	126,00	56,00	70	210	73,50	84,00	94,50	42,00
	71	284	99,40	113,60	127,80	56,80	71	213	74,55	85,20	95,85	42,60
	72	288	100,80	115,20	129,60	57,60	72	216	75,60	86,40	97,20	43,20
	73	292	102,20	116,80	131,40	58,40	73	219	76,65	87,60	98,55	43,80
	74	296	103,60	118,40	133,20	59,20	74	222	77,70	88,80	99,90	44,40
	75	300	105,00	120,00	135,00	60,00	75	225	78,75	90,00	101,25	45,00
	76	304	106,40	121,60	136,80	60,80	76	228	79,80	91,20	102,60	45,60
	77	308	107,80	123,20	138,60	61,60	77	231	80,85	92,40	103,95	46,20
	78	312	109,20	124,80	140,40	62,40	78	234	81,90	93,60	105,30	46,80
	79	316	110,60	126,40	142,20	63,20	79	237	82,95	94,80	106,65	47,40
	80	320	112,00	128,00	144,00	64,00	80	240	84,00	96,00	108,00	48,00
	81	324	113,40	129,60	145,80	64,80	81	243	85,05	97,20	109,35	48,60
	82	328	114,80	131,20	147,60	65,60	82	246	86,10	98,40	110,70	49,20
	83	332	116,20	132,80	149,40	66,40	83	249	87,15	99,60	112,05	49,80
	84	336	117,60	134,40	151,20	67,20	84	252	88,20	100,80	113,40	50,40
	85	340	119,00	136,00	153,00	68,00	85	255	89,25	102,00	114,75	51,00
	86	344	120,40	137,60	154,80	68,80	86	258	90,30	103,20	116,10	51,60
	87	348	121,80	139,20	156,60	69,60	87	261	91,35	104,40	117,45	52,20
	88	352	123,20	140,80	158,40	70,40	88	264	92,40	105,60	118,80	52,80
	89	356	124,60	142,40	160,20	71,20	89	267	93,45	106,80	120,15	53,40
	90	360	126,00	144.00	162,00	72,00	90	270	94,50	108,00	121,50	54,00
Tambours du centre.	1	4	1,80	2,00	2,20	1,20	1	3	1,35	1,50	1,65	0,90
	2	8	3,60	4,00	4,40	2,40	2	6	2,70	3,00	3,30	1,80
Enfans de troupe	1	4	0,80	1,10	1,60	»	1	3	0,60	0,82.5	1,20	»

www.ingramcontent.com/pod-product-compliance
Ingram Content Group UK Ltd.
Pitfield, Milton Keynes, MK11 3LW, UK
UKHW022334090726
13658UKWH00001B/266

9 782019 973735